KB080638

올드 시네마 150

올드 시네마 150

박영철 지음

이숲

과거의 시간과 공간에서 흥미진진한 체험을

극장가에서는 거의 매주 새로운 영화들이 쏟아져 나오고, TV와 인터넷에도 최근 영화들이 넘쳐난다. 그러니 바쁘게 살아가는 현대인에게 어쩌다 생각난 고전 영화를 수고스럽게 찾아 감상하는 일은 타임머신을 타고 과거로 돌아가는 것만큼이나 희한한 경험이 돼버렸는지도 모르겠다.

하지만 고전 영화는 우리가 지나온 인생의 어느 지점에 대한 향수를 불러일으키고, 저마다 간직한 사연과 아련한 추억을 더듬으며 애잔한 감정에 젖게 한다. 연인과 팔짱을 끼고 갔든, 친구들과 함께 몰려갔든, 부모님 손을 잡고 종종걸음으로 따라갔든, 과거에 영화관에 드나들던 추억은 마치 오래된 사진처럼 빛은 바래도 결코 사라지지 않는다. 어디 그뿐인가. 주말이면 온 가족이 옹기종기 모여 앉아 시청하던 TV 명화극장의 고전 영화를 다시 보면, 그동안 잊고 살았던 지난날이 마치 어제 일처럼 생생하게 떠오른다.

한 편의 고전 영화를 감상하는 것은 단순히 영화 관람을 뛰어넘어 오랫동안 잊고 살았던 추억을 되찾는 과정이기도 하다. 유체 이탈이라도 하듯이 자신에게서 빠져나와 익숙하면서도 낯선 영화 속 시간과 공간에서

•
•
•
•

살아가는 타인의 삶으로 들어가는 순간, 우리는 그 소중한 추억을 되찾을 수 있을까? 이 물음에 대한 대답이 바로 이 작은 책에 들어 있다.

나는 지난 십 년간 고전 영화를 주제로 블로그와 카페를 운영하면서 수백 편의 영화를 살펴보고 소개했다. 그리고 그중 150편 영화 이야기를 골라 무성영화 시대부터 1970년대까지 할리우드와 유럽, 제3세계에서 제작된 다양한 장르의 고전 작품들을 망라했다. 인터넷을 검색하면 관련 영화 정보를 찾을 수 있겠지만, 내가 직접 보고, 느끼고, 분석하고, 그 뒷이야기까지 수집한 이 책의 영화 이야기는 나의 생생한 육성이 담긴 고전 영화에 대한 나의 사랑 고백이기도 하다.
이 책의 또 다른 장점은 기존의 고전 영화 소개서들이 백과사전처럼 딱딱하고, 벽돌처럼 무거운 것과 달리, 친절하고 아담해서 재미있게 읽고, 가방에 넣어 다닐 수도 있다는 것이다.

나는 이 책을 준비하면서 특히 영화를 좋아하는 이십 대부터 사십 대까지 여성 독자를 염두에 두었고, 그들이 영화와 추억을 많은 이와 공유하기 바랐다. 하지만 원고를 완성하고 보니 영화를 사랑하는 사람이면 누구나 늘 함께하며 재미를 느끼는 시네마 북이 되기를 바라는 마음이 간

•
•
•
•

절해졌다. 늘 복잡하고 빠르게 돌아가는 잿빛 현실에서 잠시나마 벗어나 '올드 시네마'를 보며 독자 스스로 과거의 시간과 공간에서 다른 인물이 되어보는 흥미진진한 체험에 이 책이 진정한 친구가 되기를 기원한다.

끝으로 나의 오랜 염원이 빛을 보게 해준 이숲 출판사 여러분에게 고마움을 전한다.

2016년 6월
박영철

| 차례 |

1

강박관념(1976)

Obsession

브라이언 드 팔마(Brian De Palma, 1940~) 감독이 연출한 이 영화는 앨프리드 히치콕(Alfred Hitchcock, 1899~1980) 감독의 현기증(Vertigo, 1958)(개봉제목 환상)과 레베카(Rebecca, 1940)를 오마주한 서스펜스 스릴러물이다. 이 작품 전반에 히치콕 영화의 독창적인 이미지가 펼쳐져 그야말로 앨프리드 히치콕 영화의 필사본이라 할 만하다.

이 영화의 줄거리는 1959년 주인공인 중년 사업가 마이클 코틀랜드(클리프 로버트슨)의 아내 엘리자베스(주느비에브 뷔졸드)와 딸 에이미가 괴한에게 유괴 당하면서 벌어지는 사건을 중심으로 전개되는데, 16년 뒤에 마이클이 피렌체의 한 성당에서 마주친 여자 산드라 포르티나리가 죽은 아내와 닮았다는 설정은 히치콕의 현기증을 연상시킨다.

폴 슈레이더(Paul Schrader, 1946~)와 드 팔마가 공동 집필한 시나리오는 아내의 죽음으로 죄책감에 빠져 있는 마이클에게 아내와 똑 닮은 여자 산드라가 나타나고, 이 신비스러운 만남 이면에서 마이클을 희생양으로 삼으려는 조직범죄의 음모에 초점을 맞춘다.

아내의 환생으로 믿었던 여자가 죽은 줄로만 알았던 딸이라는 상황이 그리스 신화에 흔히 등장하는 근친상간 주제의 설정이어서 다소 진부한 감은 있지만, 그래도 제작 당시에는 이런 소재가 상당히 충격적이었을 것이다.

배경에서 작곡가 버나드 허만이 히치콕에 대한 오마주로 작곡한 음악이 시종일관 흐르는 이 러닝타임 98분짜리 영화는 히치콕의 현기증을 비롯한 마니(Marnie, 1964), 다이얼 M을 돌려라(Dial M for Munder, 1954), 레베카의 이미지로 가득한 컬트 영화다.

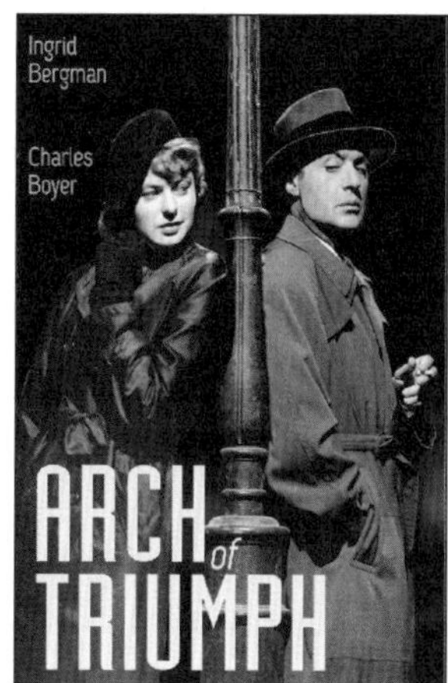

2

개선문(1948)

Arch of Triumph

루이스 마일스톤(Lewis Milestone, 1895~1980) 감독이 연출한 이 영화는 독일 망명객인 닥터 라비크(샤를 부아이예)의 사랑과 정치적 복수를 다룬 에리히 마리아 레마르크의 소설을 각색한 작품으로, 로맨스 드라마의 고전이다.

제2차 세계대전이 일어나기 1년 전 파리에는 정치 난민들이 모여들고 있었고 그중에는 독일인 라비크도 있었다. 그는 능력 있는 외과의사였지만, 유태인 친구의 탈출을 도왔다는 이유로 게슈타포에 체포되어 '하아케'(찰스 로튼)라는 자에게 모진 고문을 당했고, 그의 애인도 그에게 고문당하다 숨졌다. 파리로 온 라비크는 비록 불법체류자로 병원에서 은밀히 외과 수술을 해주며 생계를 유지하고 있지만, 파리에서 활동하는 하아케를 제거하겠다는 목표를 한시도 잊지 않고 있다.

어느 날 그는 개선문 근처에서 겨울비를 맞고 헤매는 무명 가수 조앙 마두(잉그리드 버그먼)를 자기 숙소로 안내한다.

복수심에 불타던 라비크가 조앙을 만나 마음이 흔들리는 장면은 관객에게 흔하지 않은 서정적인 감동을 선사하고, 하아케를 목격하고 유인하여 살해하는 장면은 박진감이 넘친다. 또한, 사랑의 열병으로 마음을 가누지 못하던 조안이 눈물을 흘리며 라비크 곁에서 죽어가는 라스트 신은 특히 짙은 여운을 남긴다.

러시아 출신인 마일스톤 감독은 1930년에도 레마르크의 또 다른 소설 서부전선 이상 없다를 연출하여 오스카 감독상을 받았으며 이 영화에서 촬영을 맡은 러셀 메티 촬영감독은 1960년 스탠리 큐브릭의 스파타커스로 오스카 상을 받은 바 있다.

1954년 7월 27일 단관 수도극장에서 개봉한 이 영화는 러닝타임이 2시간 12분으로 비교적 길어 지루할 법도 하지만, 무표정하고 목소리가 낮은 샤를 부아이예의 차분한 연기와 흑백 화면에서도 가려지지 않는 잉그리드 버그먼의 미모로 뇌리에서 사라지지 않는 추억의 명화다.

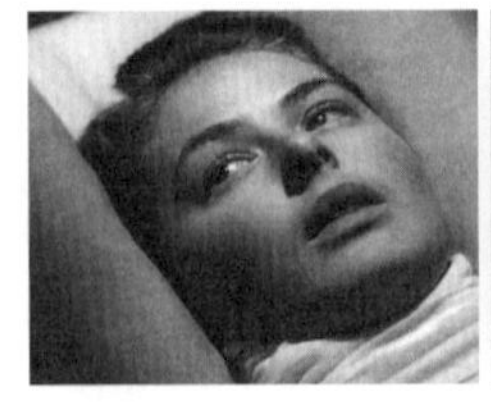

3

거인(1955)

The Tall Men

라울 월시(Raoul Walsh, 1887~1980) 감독의 서부영화는 존 포드(John Ford, 1894 ~1973) 감독의 서정적인 웨스턴보다 훨씬 더 남성적이고 낭만적인 분위기를 선보인다. 이 작품은 1866년 서부 개척시대를 배경으로 카우보이 벤 앨리슨의 사랑과 의리, 모험을 그린 고전이다.

벤 앨리슨(클라크 게이블)은 동생 클린트(카메론 미첼)와 함께 노름판에서 한탕하려다가 만난 네이선 스타크(로버트 라이언)의 제안으로 소 떼를 몰고 몬태나 북쪽 지방으로 가게 된다. 그 과정에서 벤과 네이선 앞에 팔등신 미녀 넬라 터너(제인 러셀)가 등장하면서 세 사람 사이에는 삼각관계가 형성된다. 신사는 금발을 좋아해(Gentlemen Prefer Blondes, 1953)에서 메릴린 먼로와 함께 멋진 매력을 보였던 제인 러셀은 이 영화에서도 육감적으로 노래하며 낭만주의 서부영화에 걸맞은 연기를 보여준다.

클라크 게이블과 카메론 미첼이 보여주는 형제애는 특히 감동적이며, 대평원에서 소몰이하는 장면이나 인디언 수우 족과 대결하는 마지막 장면에서 컴퓨터 그래픽이 없던 시절 거장 라울 월시 감독의 연출력은 빛을 발한다. 흑백필름인 하워드 혹스(Howard Hawks, 1896~1977)의 **광야천리**(Red River)와는 달리 대형 컬러 화면에 카우보이들이 펼쳐내는 엄청난 소몰이 몹신은 그야말로 장관이다. 또한, 영화에 시종일관 몰입할 수 있게 해준 음악은 당대 최고의 영화음악가인 빅터 영의 작품이다.

이 영화는 1957년 1월 1일 을지로 국도극장에서 개봉했다.

검은 머리(1964)

4

암흑가 조직의 보스 '검은 머리'(장동휘)의 아내 연실(문정숙)은 아편쟁이(채랑)와 통정했다는 이유로 규율에 따라 조직원들(최성호, 장혁)로부터 얼굴에 큰 상처를 입는다. 이만희(李晩熙, 1931~1975) 감독의 이 흑백 드라마는 매우 낯설고 도회적인 공간에서 곤경에 처한 여성과 그 여성을 구해주는 새로운 남성(이대엽) 그리고 그 여성을 잊지 못하는 예전의 남성이 벌이는 갈등을 다룬 필름 누아르이다.

줄거리와 전체 분위기가 익숙한 이 작품은 1950년대 국내 상영된 외국 영화들, 예를 들어 프리츠 랑(Fritz Lang, 1890~1976)의 **격노**(The Big Heat, 1953)와 페데리코 펠리니(Federico Fellini, 1920~1993)의 **카리비아의 밤**(Night of Caribia, 1957)에서 느껴지는 정서를 오마주한다.

어린 시절 프랑스 영화의 고전인 르네 클레르(René Clair, 1898~1981) 감독과 줄리앙 뒤비비에(Julien Duvivier, 1896~1967) 감독의 작품을 보면서 꿈을 키운 이만희 감독의 역량이 잘 드러난다. 시나리오보다 촬영 현장에서 그날그날 즉흥 콘티로 영상 작가로서의 고유한 감각을 펼쳐 보인 이만희 감독의 재능이 돋보인다.

당시 이만희 감독의 연인이자 동료였던 문정숙의 품격 높은 연기가 압권이며 그녀의 캐릭터를 받치는 장동휘와 이대엽의 연기 또한 일품이다. 여기에 최성호와 독고성, 장혁, 이해룡, 추석양, 최성, 김운하, 강문, 장동휘의 유모 역에 정애란까지 등장하는 초호화 캐스팅도 인상적이다. 러닝타임 8분 정도의 필름이 녹물로 훼손됐던 이 영화를 최근 디지털 복원해 매우 깨끗한 영상으로 감상할 수 있게 됐다.

이 영화는 1964년 7월 31일 을지로 국도극장에서 개봉했다.

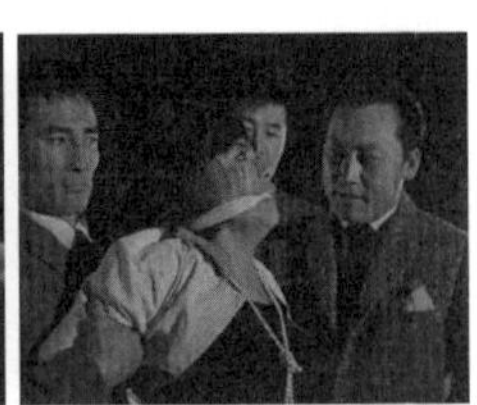

5

겨울사자(1968)

The Lion In Winter

앤서니 하비(Anthony Harvey, 1931~) 감독의 이 작품은 작가 제임스 골드먼의 유명한 희곡을 각색한 것으로, 1960년대 제작된 역사·심리 드라마의 고전이다. 12세기 영국, 크리스마스이브를 맞아 한자리에 모인 헨리 2세 일가의 사소하고 개인적인 이야기를 다룬 이 작품은 욕망과 갈등으로 얼룩진 인간관계의 본질을 다소 긴 2시간 14분간의 러닝타임에 훌륭하게 형상화했다.

헨리 2세(피터 오툴)가 즉위한 지 30년. 왕은 세 명의 아들 중에서 후계자로 셋째 아들 존을 지지하지만, 여왕 아키텐의 엘리노어(캐서린 헵번)는 첫째 아들 리처드를 지지한다. 왕위 계승을 둘러싼 왕실의 갈등을 이끌어가는 연기가 압권이어서 캐서린 헵번은 이 작품으로 두 번째 오스카 여우주연상을 거머쥐었다.

이 영화는 역사물 유행이 한풀 꺾인 1960년대에 제작됐고, 거대한 세트와 수많은 엑스트라를 동원해 장관을 이루는 블록버스터와 차별되게 등장인물들의 내면적인 심리 묘사에 중점을 뒀다. 세계 영화사상 가장 문학적인 작품으로 평가받은 이 영화를 감상하는 주요한 포인트는 캐서린 헵번과 피터 오툴의 연기 대결이다. 카리스마 넘치는 캐서린 헵번과 피터 오툴의 이 오리지널 버전과는 다르게 2003년에 안드레이 콘찰로프스키(Andrei Konchalovsky, 1937~) 감독이 리메이크한 TV 영화에서 보여준 글렌 클로즈(엘리노어 여왕)와 패트릭 스튜어트(헨리 2세)의 연기는 다소 가벼워 보이는 듯하다.

영화음악을 맡은 존 배리 또한 완성도 높은 오리지널 스코어를 작곡해 이 영화로 아카데미 영화음악상을 받았다.

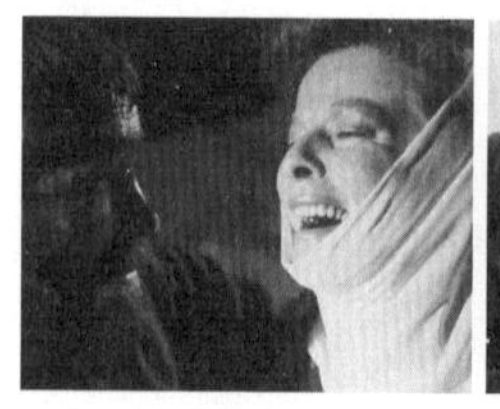

6

결단의 3시 10분
(1957)

3:10 To Yuma

델머 데이브즈(Delmer Daves, 1904~1977) 감독의 이 작품은 존 포드나 하워드 혹스의 전형적인 웨스턴 활극과 다르다. 할리우드에서 오랫동안 흥행한 서부영화의 위상이 점점 낮아질 무렵 등장한 데다 화려한 액션보다는 악당과 그를 호송하는 목장주의 긴박한 심리를 다룬, 일종의 수정주의 웨스턴이기 때문이다.

3년 동안 가뭄이 들어 목장에 위기가 닥치자 목장주 댄 애번스(반 헤프린)는 2백 달러를 받기로 하고 강도 두목 벤 웨이드(글렌 포드)를 호송한다. 이 영화는 댄이 유마행 3시 10분발 기차에 웨이드를 태우기까지 긴장된 상황을 그리는데, 기차를 기다리는 동안 작은 호텔 방에서 웨이드와 댄이 벌이는 심리전은 이 영화의 백미다.

이 영화의 배경은 1884년으로 30년 사이 서부 이주민 수는 열 배가 늘어 2백만 명이 됐다. 미국 동부의 매사추세츠 출신으로 남북전쟁에서 한쪽 다리를 잃은 댄 에번스도 그중 한 사람이다. 가족을 데리고 서부로 간 댄은 은행에서 빌린 돈으로 목축업을 시작했지만, 물 부족으로 가축들은 죽어가고 빌린 돈을 갚지 못해 농장은 은행에 넘어갈 처지에 놓였다. 서부 목축업자들은 너른 땅에서 방목한 소들을 중부 캔자스 주 우시장에 내다 파느라 카우보이를 고용했다. '서부'하면 떠오르는 카우보이의 이미지는 이렇게 해서 생긴 것이다. 그러나 1870년대 목축업은 투자가 과도하게 이루어져 파탄 나고 말았다. 에반스는 웨이드 부하의 총에 목숨을 잃지만, 설령 살아 있었어도 죽을힘을 다한 보람도 없이 농장을 잃었을 것이다.

프랭키 레인이 부른 동명 주제가가 당시 큰 인기를 끌었던 이 영화는 1959년 3월 7일 충무로 명보극장에서 개봉했고, 이 추억의 서부극을 2007년 제임스 맨골드(James Mangold, 1963~)가 리메이크할 때 러셀 크로와 크리스찬 베일을 각각 웨이드와 댄 역으로 캐스팅해 좋은 반응을 얻었다.

7

골든 보이(1939)

Golden Boy

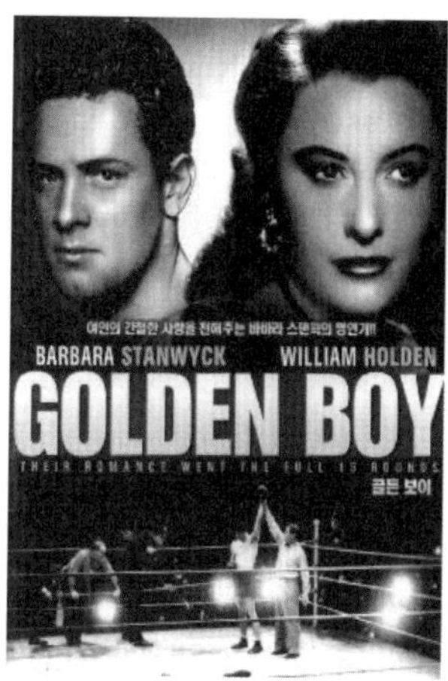

루벤 마모울리언(Rouben Mamoulian, 1897~1987) 감독이 연출하고 윌리엄 홀든이 주연한 이 영화는 가족과 연인을 주제로 한 감동적인 고전이다.

스물한 살 청년 조 보나파트(윌리엄 홀든)는 어릴 때부터 홀아버지의 기대에 부응하려고 바이올린 연주자로 성장했지만, 돈이 필요해 프로모터 톰 무디(아돌프 멘주)의 수하로 들어가 삼류 복서가 된다. 아들의 재능을 믿고 다시 바이올린 연주자가 되기를 바라는 아버지의 희망을 저버린 조는 톰의 약혼녀 로나 문(바버라 스탠윅)을 연모한다. 연상의 여인 로나 문을 사랑해 권투를 선택한 조가 대망의 챔피언전을 앞두고 치른 경기에서 상대 흑인 선수가 죽는 사고가 발생한다. 절망과 후회의 시간이 지나고 모든 상황이 정리된 뒤에 아버지를 찾아간 조는 가족 앞에서 바이올린을 꺼내 브람스의 자장가를 연주하는데, 이 장면은 오랫동안 관객의 뇌리에서 사라지지 않는 깊은 감동을 남긴다.

열한 살 나이 차를 극복하고 조의 연인이 된 바버라 스탠윅과 윌리엄 홀든의 연기는 매우 낭만적이고, 흑백 화면을 시종일관 압도하는 빅터 영의 영화음악도 심금을 울린다. 어린 나이인데도 노련한 연기를 보여준 윌리엄 홀든과 아들의 미래를 걱정하는 감동적인 아버지상을 보여준 리 J. 콥의 메소드 연기가 특히 기억에 남는다.
윌리엄 홀든은 이 영화를 통해 내유외강형의 매력적인 목소리를 지닌 신인배우로 스타덤에 오르지만 그 후 10년 동안 특이할 만한 활동을 하지 못하다가 1950년 빌리 와일더(Billy Wilder, 1906~2002) 감독의 선셋 대로(Sunset Blvd, 1950)에서 시나리오 작가 조 질리스 역을 맡으면서 비로소 재기의 발판을 마련했다.

이 영화의 주연 여배우 바버라 스탠윅은 애수(Waterloo Bridge, 1940)로 유명한 미남 배우 로버트 테일러와 결혼해 전 세계 영화 애호가들에게 주목받았다.

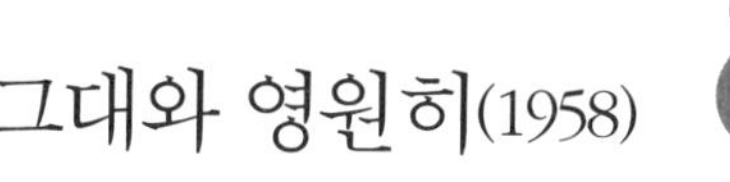

8 그대와 영원히(1958)

해방 직후 1946년 6월 17일 수도극장에서 개봉한 마이클 커티즈(Michael Curtiz, 1886~1962) 감독의 필름 누아르 더러운 얼굴의 천사들(Angels with Dirty Faces, 1938, 개봉 제목 더럽혀진 얼굴의 천사)이 연상되는 유현목(兪賢穆, 1925~2009) 감독의 이 작품 그대와 영원히는 우리나라에서 가장 오래된 멜로드라마다.

죽마고우 광필(이룡)과 달수(최봉)의 관계는 애란(도금봉)을 두고 평생 얽히고설킨다. 서로 간절히 사랑하는 광필과 애란이 달수에게 속아 남의 창고에서 물건을 훔치다가 경비원에게 발각된 순간, 둘의 장밋빛 미래는 돌이킬 수 없이 부서져버린다.

유현목 감독은 이 통속적인 삼각관계에 희생된 광필이 10년간 복역하고 출소하면서 벌어지는 사건들을 당시로써는 매우 감각적인 카메라 워킹과 화면 구도로 그려낸다. 프랑스 감독 마르셀 카르네(Marcel Carné, 1906~1996)의 시적 리얼리즘이나 미국 필름 누아르의 표현주의 이미지가 연상되기도 한다.

암흑가 보스가 된 달수가 경영하는 카바레에서는 그 유명한 재즈곡 'Moon Grow'와 도리스 데이의 'Que Sera Sera'가 흘러나온다. 이미 달수의 아내가 된 애란이 입원한 병실, 친구이자 신부인 상문(최명수)의 성당, 달수의 사무실은 당시 국내 최대 제작사인 삼성영화사가 자체적으로 개발한 달리와 크레인 장비를 이용해 촬영한 덕분에 장식미가 탁월하다.

편집까지 직접 맡았던 유현목 감독의 미장센은 1950년대 말 유행한 여느 범죄형 로맨스 드라마와도 확연히 다를뿐더러 프로덕션 디자인, 즉 세트 디자인 역시 역사상 독보적인 경지를 보여줬다.

1958년 1월 12일 국도극장에서 개봉한 이 영화에 달수의 부하로 등장한 장민호와 최남현, 교도소에서 '돼지'라는 별명으로 부르는 김승호의 감칠맛 나는 연기 또한 매력적이다.

9

그들은 밤에 산다

(1948)

They Live by Night

니콜라스 레이(Nicholas Ray, 1911~1979) 감독의 데뷔작인 이 영화는 1930년대 미국 대공황기를 배경으로 어둠의 세계에 갇혀버린 어느 젊은 범죄자 부부의 극단적 상황과 끈질긴 사랑을 담은 갱스터 누아르 고전이다.

'명사수 보위'라고 불리는 스물세 살의 은행털이 보위(팔리 그레인저)는 살인 누명을 쓰고 감옥에 갇힌다. 그리고 탈옥에 성공해 도주하다가 함께 탈옥한 동료 죄수의 형인 모블리의 집에 숨는다. 그리고 모블리의 딸 키치(캐시 오도넬)를 보자 한눈에 반한다.

니콜라스 레이 감독은 보위의 범죄 행각보다 그가 범죄자임을 알면서도 그를 사랑하고 그의 아내가 되는 키치의 순수한 사랑에 초점을 맞추면서 매우 유연한 연출을 선보였다.

보위와 키치는 함께 도망하고, 서로 가족의 불행을 털어놓는 과정에서 상대의 처지를 마음 깊이 공감한다. 특히 결혼 중개소에 25달러를 내고 서둘러 결혼하는 장면은 관객에게 신선한 감동을 선사한다. 보위가 경찰의 함정에 빠져 사살되는 라스트 신은 아서 펜(Arthur Penn, 1922~2010) 감독의 **우리에게 내일은 없다**(Bonnie and Clyde, 1967)에 대한 오마주다.

에드워드 앤더슨이 1937년 발표한 소설 우리 같은 **도둑들**(*Thieves Like Us*)을 각색한 이 영화는 로버트 알트만(Robert Altman, 1925~2006) 감독의 **보위와 키치**(Thieves like us, 1974)로, 토니 스코트(Tony Scott, 1944~2012) 감독 연출과 쿠엔틴 타란티노(Quentin Tarantino, 1963~) 각본의 **트루 로맨스**(True Romance, 1993)로 리메이크됐다.

보위 역을 맡은 팔리 그레인저는 앨프리드 히치콕의 **로프**(Rope, 1948)와 **의혹의 전망차**(Strangers on a Train, 1951), 루키노 비스콘티(Luchino Visconti, 1906~1976) 감독의 로맨스 무비 **쎈소**(Senso, 1954)로 유명해졌으며 키치 역의 캐시 오도넬은 윌리엄 와일러(William Wyler, 1902~1981) 감독의 **우리 생애 최고의 해**(The Best Years of Our Lives, 1946)와 1960년대 TV 시리즈 **보난자**(Bonanza)에 출연했다.

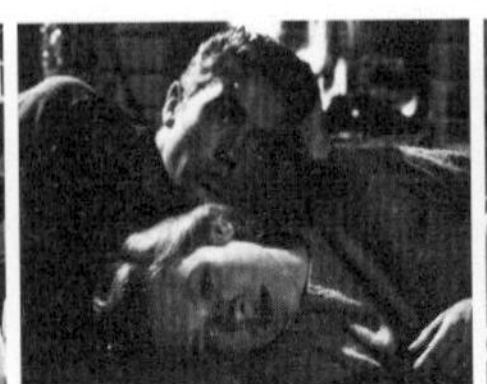

10

그리고 아무도 없었다(1945)

And Then There Were None

르네 클레르 감독이 연출한 이 흑백영화는 애거사 크리스티의 동명 추리 소설을 각색한 범죄 스릴러 고전이다.

'UN 오웬'이라는 의문의 인물이 인디언 섬 별장에 초대한 손님 8명과 집사 로저스 부부가 연루된 이 완전범죄 이야기에는 탐정이 등장하지 않는다. 손님들이 별장에 도착해 거실에서 여독을 풀 때 니키타 스탈로프 러시아 왕자가 피아노를 치며 부른 동요 10개의 인디언 인형 가사와 똑같이 한 사람씩 의문의 죽음을 맞이하는 공포 분위기에서 이야기가 전개된다. 특히, 초대된 사람들의 비밀이 레코드판을 통해 폭로되면서 오웬은 누구이며 연쇄살인범은 과연 누구냐는 의심이 증폭하고, 후반부로 갈수록 공포는 더욱 극심해진다.

르네 클레르 감독은 당대 세 중견 배우 즉, 판사 프랜시스 퀸캐넌 역을 맡은 베리 피츠제럴드와 의사 에드워드 암스트롱 역을 맡은 월터 휴스턴, 에밀리 브랜트 여사 역을 맡은 주디스 앤더슨에게서 노련한 연기를 끌어냄으로써 애거사 크리스티의 소설과는 또 다른 반전을 갖춘 범죄 스릴러물의 역작을 남겼다.

이 영화는 1965년 조지 폴락(George Pollock, 1907~1979) 감독이 연출한 열 개의 인디언 인형(Ten Little Indians)으로 리메이크되어 셜리 이톤과 휴 오브라이언이 출연했는가 하면 1974년에도 역시 같은 제목으로 피터 콜린슨(Peter Collinson, 1936~1980)이 연출한 작품이 나오기도 했다.
제임스 맨골드 감독이 다중인격자를 소재로 연출하고 존 쿠삭이 주연한 스릴러 아이덴티티(Identity, 2003)의 모티브도 애거사 크리스티의 바로 이 원작에서 빌려왔고, 2015년 12월에는 영국 BBC 방송국에서 애거사 크리스티 탄생 125주년 기념으로 동명 드라마를 3부작으로 방영해 큰 인기를 끌었다.

그림자 군단(1969)

L'armée des ombres

장 피에르 멜빌(Jean-Pierre Melville, 1917~1973) 감독이 연출한 이 드라마는 제2차 세계대전 당시 파리에서 활동한 레지스탕스를 진지하고 암울하게 묘사한 고전이다.

유령처럼 암약하는 레지스탕스의 리더 필립 제르비에(리노 벤추라)는 밀고자를 처단하고 동료 펠릭스(폴 크라우체)를 구출하기 위해 독일군 진영에 잠입한다. 하지만 필립이 조직의 보존을 위해 잠시 위기를 모면하게 되자 충성스러운 여조직원 마틸드(시몬느 시뇨레)가 딸 때문에 배신을 한다. 유일하게 독일어가 능통한 마틸드 때문에 그동안 목숨을 부지한 다른 동료들의 반대에도 무릅쓰고 필립은 마틸드를 제거하고 만다.

영화는 전반적으로 장 피에르 멜빌 감독 특유의 누아르풍이지만, 등장인물의 소소한 일상이나 대사를 통해 드러나는 심리 등이 영화의 주제를 선명하게 전달한다. 롱 테이크와 클로즈 샷이 적절히 안배된 영상은 '그림자 군단'이라고 부르는 레지스탕스의 실체를 잘 드러내고, 당시 프랑스 최고 연기자였던 리노 벤추라와 폴 뫼리스, 시몬 시뇨레 등이 영화를 더욱 빛낸다.

조셉 케셀의 소설을 각색한 이 작품은, 전쟁을 직접 겪은 장 피에르 멜빌 감독이 레지스탕스의 저항 행위를 실존적인 시각에서 연출한 의도가 작품에 잘 녹아나는 한편, 액션 신을 배제하고 등장인물의 심리를 섬세하게 묘사한 실력 역시 일품이다. 조직을 위해 동료 마틸드를 살해하는 라스트 신은 지금도 명장면으로 손꼽힌다.

12

긴자 화장(1951)

銀座 化粧

나루세 미키오(成瀨巳喜男, 1905~1969) 감독의 영화에 등장하는 여성들의 운명은 참으로 험난하다. 그래도 그들은 남존여비가 지배적인 봉건적 사회에서 세파를 헤치고 꿋꿋이 살아간다.

과부인 주인공 유키코는 긴자에 있는 술집 '벨아미'의 마담으로, 마음이 여리고 동정심이 많아 뭇 남성에게 이용당하고 손해 보기 일쑤다. 홀로 어린 아들 하루오를 키우며 살아가던 유키코는 어느 날 단정한 귀족 청년 이와가와를 만난다. 유키코는 시를 좋아하고 별자리에 정통한 이 청년과 재혼을 꿈꾸지만, 아들이 행방불명되는 사건이 발생한다. 유키코는 자기 대신 여동생 쿄코를 이와가와에게 소개해주고, 두 사람은 금세 사랑하는 사이가 된다. 그렇게 제2의 인생을 꿈꾸던 유키코의 희망은 물거품이 돼버린다.

유키코 역을 맡은 다나카 키누요는 단조롭고 평범한 일상 이야기에 활력을 불어넣는 연기로 관객의 시선을 사로잡는다. 마치 젊은 날의 김지미를 보는 듯 연기가 섬세하고 탁월하다.

이 작품의 완성도는 나루세 미키오 감독의 대표작 부운(浮雲, 1955)이나 여자가 계단을 오를 때(女が階段を上る時, 1960)에는 못 미치지만, 다나카 키누요의 연기만으로도 충분히 볼 만한 가치가 있다.

도쿄의 가난한 가정에서 태어난 나루세 미키오 감독은 오즈 야스지로(小津安二郎, 1903~1964), 미조구치 겐지(溝口健二, 1898~1956), 구로사와 아키라(黑澤明, 1910~1998)와 함께 일본의 대표적인 1세대 영화감독으로 꼽힌다. 제2차 세계대전 전후에는 서민 생활을 묘사한 원작소설을 영화로 만들면서 주로 애환에 찬 여성의 삶을 다뤘다.

13

나는 좀비와 함께 걸었다(1943)

I Walked with a Zombie

자크 투르뇌르(Jacques Tourneur, 1904~1977) 감독의 이 영화는 샤롯 브론테의 소설 제인 에어를 서인도 제도의 대농장을 무대 삼아 연출한 판타지 호러다.

농장주 폴 홀랜드(톰 콘웨이)에게 고용된 간호사 베시 코넬(프랜시스 디)은 그의 아내 제시카(크리스틴 고든)가 부두교도인 섬 원주민 때문에 좀비가 됐음을 알고 조심스럽게 접근하면서 교감을 시도한다.

자크 투르뇌르 감독은 농장주 홀랜드의 이복형제 폴과 웨슬리(제임스 엘리슨) 그리고 좀비가 된 제시카가 감추고 있는 비밀을 제이 로이 헌트 촬영감독의 카메라를 통해 이국적 공포 분위기 가득한 화면에서 하나하나 풀어간다.

정글 드럼으로 울리는 칼립소에 맞춰 부두교 원주민들이 초자연적 의식을 치르는 장면, 인형을 이용해 좀비 제시카를 불러내는 장면, 웨슬리가 제시카를 안고 바다로 들어가는 라스트 신 등이 특히 인상적이다.

간호사 베시가 그만 농장주와 사랑에 빠져 그를 위해 제시카를 살려내겠다며 부두교 주술의 힘을 빌리려는 설정은 마치 우리의 무속 문화와 닮아 있어 친숙해 보이지만 투르뇌르 감독의 영화적인 모호함이 엿보이는 대목이기도 하다.

이 영화는 자크 투르뇌르 감독이 명콤비 프로듀서 발 루턴과 함께 카리브 해 원주민의 설화와 부두교의 괴기한 이미지로 만들어낸 독창적인 호러 로맨스로 세계 영화사에 빛나는 고전으로 꼽힌다.

14

나의 청춘
마리안느(1955)

Marianne de ma jeunesse

망향(Pepe le Moko, 1937)과 무도회의 수첩(Un carnet de bal, 1937)으로 유명한 줄리앙 뒤비비에 감독의 이 멜로드라마는 20세기 독일 작가 페터 드 멘델스존의 슬픈 아르카디아를 원작으로 연출한 이른바 '환상적 리얼리즘' 영화의 걸작이다.

누가 사랑을 지독한 열병에 비유했던가? 어느 호반에 있는 하인리겐쉬타트 학원에 뱅상(피에르 바네크)이라는 학생이 전학 온다. 학교 앞에 있는 호수 건너편에 오래된 성이 있고, 그 성에 유령이 살고 있다는 소문이 학생 사이에 퍼져 있다. 그 학교 다섯 명의 악동 학생은 동물과 대화하고 음악 실력도 뛰어난 뱅상에게 호감을 품고 함께 고성에 있다는 유령의 정체를 밝히러 가자고 한다. 그들이 성에 도착하니 무서운 개들이 달려 나오자 혼비백산한 소년들은 달아나고, 동물과 소통하는 능력이 있는 뱅상은 개들을 진정시킨 다음, 성 안에 들어가 신비스럽고 아름다운 여인 마리안느(마리안 홀트)를 만난다. 그 순간부터 뱅상은 오로지 고성의 미친 노인이 가두고 있는 마리안느를 구할 생각뿐으로, 그녀를 그리워하며 깊은 호수로 뛰어든다. 뱅상을 짝사랑하는 교장의 친척 리즈(이사벨 피아)는 뱅상을 유혹해보지만 뜻을 이루지 못하자 질투심으로 뱅상의 사슴을 죽인다. 이들은 모두 사랑의 열병을 앓는 연인의 자화상이라 할 수 있다.

안개 자욱한 호반에 유령처럼 서 있는 고성, 회화적인 배경과 우화적인 캐릭터, 특히 뒤비비에 감독의 몽환적인 미장센이 오랫동안 관객의 뇌리에 남는다. 백일몽처럼 사라진 마리안느는 정녕 약혼자를 잊지 못하는 전설의 요정이었을까? 이 작품은 누구나 한 번쯤 겪는 젊은 날의 방황과 사랑, 공허하고 환상적인 꿈을 그린 고전이다.

15

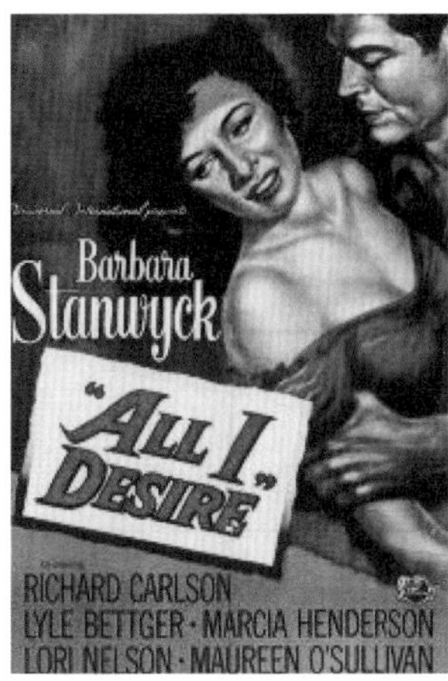

내가 바라는 모든 것(1953)

All I Desire

더글러스 서크(Douglas Sirk, 1897~1987) 감독의 이 영화는 삶을 꾸려나가는 데 가족이 얼마나 중요한지 일깨워주는 홈드라마의 고전이다.
꿈과 이상을 실현하려다 놓쳐버린 모든 것이 결국 '자신이 바라던 전부'였음을 10년이라는 시간이 흐르고 나서야 깨닫는다는 주제가 현대인에게도 많은 것을 시사한다.

나오미 머독(바버라 스탠윅)은 배우가 되겠다는 꿈과 연인을 좇아 남편 헨리(리처드 카슨)와 자식들을 버린다. 그녀가 가출한 바람에 무너진 가정을 간신히 추스르고 살아가던 헨리에게 나오미가 10년 만에 느닷없이 나타난다. 나오미를 빼닮은 둘째 딸 릴리(로리 넬슨)가 고등학교 연극 발표회에 엄마를 초대한 것이다. 자기 욕망에 사로잡혀 오래전에 가정을 버린 아내를 헨리는 여전히 사랑하고, 릴리는 엄마를 미워하는 언니 조이스와 달리 엄마의 재능을 이어 받아 마음껏 끼를 발산한다.

1900년대 미국의 작은 마을에서 펼쳐지는 이 영화는 결말에 파격적인 반전을 담지 않았지만, 보통 사람들이 한동안 잊고 살았던 가족의 중요성을 새삼 깨닫는 모습을 순수하고 아름답게 묘사해 감동을 전한다.
그레타 가르보와 리즈 테일러처럼 화려한 스타의 이미지를 가지고 있지 않은 바바라 스탠윅은 실제로도 서민적이고 성실한 직업배우였는데 이 영화에도 그녀의 소박한 연기가 잘 녹아 있다.

릴리의 후견인인 교장 사라 하퍼 역으로 등장한 모린 오설리번은 타잔 시리즈로 유명한 배우이자 명감독인 존 패로우(John Farrow, 1904~1963)의 부인이며 배우 미아 패로우의 친모이다.

이 영화는 1956년 8월 5일 을지로 국도극장에서 개봉했다.

냉혈호(냉면호, 1973) 16

冷面虎

당산대형(唐山大兄, 1971)과 정무문(精武門, 1972)으로 유명한 라유(羅維, 1918~1996) 감독이 연출한 이 영화는 당시 홍콩의 골든 하베스트 영화사에 막대한 돈을 벌어준 이소룡을 위해 만든 프로젝트였다. 하지만 이소룡은 각본이 마음에 안 든다며 거절했고, 왕우가 대신 출연하게 된 액션물이다. 이 작품으로 인기를 얻어 재기한 왕우는 의외로 제2의 전성기를 맞이했고, 국제 스타 조지 레젠비와 함께 출연한 영어 발성 액션 영화 스카이 하이(The Man from Hong Kong, 1975)가 여러 나라에 배급되면서 세계적인 액션 배우로 거듭났다.

'칭후'라는 중국 건달(왕우)은 오래전 억울하게 죽은 아버지의 누명을 벗기려고 암흑가 보스 시미즈의 심복이 되어 그의 조직에 위장 잠입한다. 시미즈의 조직원이 된 칭후가 암흑가 세계를 평정하기 위해 시미즈의 라이별 조직 보스인 야마모토(전봉)와 진주 클럽 도박장에서 처절하게 대결하는 라스트 신은 왕우의 액션이 돋보이는 이 영화의 볼거리다.

일본 교토에서 현지 촬영한 이 영화는 클럽 가수 아야코가 구슬피 노래하는 낭만적인 오프닝 시퀀스로 시작해 관객을 기대에 부풀게 하고, 왕우가 오토바이족과 벌이는 격투나 케이블카 액션 신에서는 그가 아시아의 스타에서 국제적인 스타로 다시 성장하게 되는 스케일을 엿보게 한다.
국내에는 왕우가 주연한 1960년대 무협영화들이 DVD로 출시되어 소개되었지만 그가 몸담고 있던 쇼브라더스사를 떠나 제작과 감독으로 활동하던 1970년대 작품들은 거의 찾아보기가 어렵다.

1974년 3월 16일 단관 단성사에서 개봉한 이 영화는 비슷한 시기의 개봉작 **용호대련**(龍虎対錬)과 함께 흥행했는데, 연출자 라유 감독이 사건을 해결하는 미야모토 형사로 직접 출연하기도 했다.

17

녹색의 장원(1959)

Green Mansions

영국의 생물학자 윌리엄 헨리 허드슨이 쓴 동명 소설을 각색한 이 영화는 1959년 당시 오드리 헵번의 남편이었던 멜 퍼러(Mel Ferrer, 1917~2008)가 연출한 판타지 로맨스 영화의 고전이다.

정치자금을 구하고자 베네수엘라 열대림 깊숙이 찾아든 청년 아벨(앤서니 퍼킨스)과 바깥세상과 단절된 채 할아버지와 단둘이 사는 미소녀 리마(오드리 헵번)의 순수한 사랑을 그린 이 영화에서 오드리 헵번은 영화가 시작되고 20여 분이 지나서야 등장한다. 관객이 이 영화에서 가장 크게 기대하는 요소 역시 오드리 헵번의 연기지만, 정작 그녀의 필모그래피에서 이 영화는 그리 돋보이지 않는다. 그래도 이 영화에서 연기하는 캐릭터가 매우 독특한 데다 서른 살이 다 된 나이에도 아름다운 그녀의 자태가 무척 돋보인다.

윌리엄 허드슨의 원작에 충실하면서 대자연을 향한 동경과 사랑을 초록색으로만 표현한 멜 퍼러의 연출이 특히 인상적이다.

오드리 헵번의 할아버지로 등장하는 리 J. 콥과 인디언 쿠아코로 등장하는 헨리 실바의 노련한 연기는 이 영화의 또 다른 매력인 한편, 앤서니 퍼킨스가 바위에 누워 기타를 퉁기며 노래하는 주제가 'Song of Green Mansions'는 오랫동안 많은 이의 사랑을 받았다.

오드리 헵번보다 열두 살이나 연상이었던 멜 퍼러는 아내 헵번을 위해 영화를 만들었지만 흥행에는 매번 실패했고 결국 그의 바람기마저 아내에게 들통나면서 1968년 13년 동안의 결혼생활에 종지부를 찍었다.

이 영화는 제작된 지 1년이 지난 뒤에 수입돼 1960년 2월 27일 퇴계로 대한극장에서 개봉했다.

단종애사(端宗哀史) (1956)

18

전창근(全昌根, 1908~1973) 감독의 이 역사 드라마는 작가 춘원 이광수의 소설을 유치진이 각색해 당시 삼천만 환이라는 막대한 자본을 들여 제작한 고전으로, 엄앵란의 데뷔작으로도 유명하다. 전 감독은 이 영화에서 문종이 재위 2년 만에 어린 단종(황해남)을 남기고 죽자, 문종의 아우이며 단종의 숙부인 수양대군(전창근 감독)이 정인지와 신숙주, 최항과 모반해 집현전 학자 성삼문 등 충신들을 죽이고 왕위에 올라 조카 단종에게 사약까지 내리는 궁중 비극을 담아냈다.

정치 야욕을 드러내는 수양대군의 얼굴과 왕과 대신들이 국정을 논하는 편전을 디졸브로 연출한 장면 전환이 매우 인상적이며, 유약한 단종과 충신들이 좌절하고 죽어가면서 작품 전체에 뿌려놓는 패배주의 분위기가 몹시 가슴 아프게 다가온다.

당시 신인으로서 단종의 비를 연기한 엄앵란의 청순하고 가녀린 모습을 보고 많은 이가 눈물을 흘렸다.

이후에도 세조와 단종의 이야기는 역사 영화의 단골 소재가 됐고, 특히 이규웅(李圭雄, 1926~1982) 감독은 1963년 단종 역을 맡은 김운하를 주연으로 전계현, 이예춘, 허장강, 주선태 등 당시 대표적인 배우들을 캐스팅해 이 비극적인 이야기를 다시 다뤘다. 제5회 아시아영화제에도 출품한 이 영화의 의상을 맡은 이해윤은 한국영화 사극에 나오는 고전 의상을 가장 잘 표현했다는 평을 들었다.

전창근 감독의 **단종애사**는 1956년 2월 12일 을지로 국도극장에서 개봉했고, 조미령과 이민, 석금성과 최남현의 출중한 연기에 힘입어 관객 10만 명을 동원하면서 흥행에도 성공했다.

19

대지(1930)

Земля

러시아의 알렉산드르 도브첸코(Aleksandr Dovzhenko, 1894~1956) 감독이 연출한 이 1시간 9분짜리 무성영화는 정치사회적 관점에서 바라본 자연과 인간의 모습을 담은 영상이 돋보이는 작품이다. 이 영화의 가치는 지역의 상황이나 역사에 국한되지 않고 인간과 땅의 관계, 소유와 존재의 관계를 본질적으로 성찰했다는 데 있다. 게다가 형식적으로도 당시 소련 영화의 큰 흐름이었던 몽타주 영화와 달리 이 작품에는 시적 영상이 가득하다.

영화가 시작되면 노인이 사과를 먹으며 죽고, 그 옆에서는 아이가 사과를 먹고 있는 상징적인 장면이 펼쳐진다. 지주와 가난한 농민들이 대립하는 상황에서 농민 지도자 바실리(세묜 스바쉔코)는 트랙터로 여러 세기에 걸쳐 유지되던 소유의 상징인 울타리를 허물어버린다. 그러자 지주는 앙심을 품고 바실리를 살해한다. 바실리의 장례식이 치러지고, 그의 어머니는 새로운 생명을 낳고 비가 내려 대지를 적시면서 영화는 끝난다.

이 영화는 농촌 사회의 계급적 투쟁을 담고 있는 반면, 땅을 경작하는 농민들의 노동과 대지의 친화를 우크라이나 지역의 토속적인 시점으로 잘 그려낸 작품이다.

세르게이 에이젠슈테인(Sergei M. Eisenstein, 1898~1948), 프세볼로프 푸도프킨(Vsevolod Pudovkin, 1893~1953)과 함께 러시아 무성영화 시대를 이끈 알렉산드르 도브첸코 감독의 이 작품은 영상미가 탁월할 뿐 아니라 매우 철학적이다. 화면 구성과 편집이 단조롭고 명쾌한 이 몽타주 기법은 후대 러시아 다큐멘터리 감독들에게 큰 영향을 미쳤으며 정치적 사회주의 사상을 표현하는 전형이 됐다.

20 대하(大河)를 삼키는 여인(1960)

Wild River

엘리아 카잔(Elia Kazan, 1909~2003) 감독이 연출한 이 영화는 미국의 경제공황기였던 1933년 5월 테네시 강 작은 섬에 살던 원주민을 다룬 로맨스 드라마의 고전이다.

홍수 때문에 테네시 강가가 위험해지자 연방 정부는 주민을 구할 댐을 건설하라고 척 글로버(몽고메리 클리프트)를 파견하는데, 여든 살 노파인 섬 원주민 엘라 가스 부인(조 반 플리트)은 어떤 설득과 제안도 거부하며 완강하게 버틴다. 두 자녀를 둔 미망인이자 할머니를 수발해야 하는 손녀 캐럴 가스(리 레믹)와 할머니 가스 부인을 설득하러 온 척 글로버의 러브 스토리는 지금 봐도 무척 감동적이다.

미국 사회의 부조리에 늘 관심을 보였던 엘리아 카잔 감독은 서부 개척 시대 토착민의 땅에 대한 자부심과 자연 훼손에 대한 경각심에 주목하는 한편, 변화를 원하는 젊은 토착민 여성의 사랑을 통해 급변하는 시대상을 조명한다.
나중에 폭력의 강이라는 제목으로 재개봉된 이 영화는 미국 정부와 개인의 갈등을 이면에 깔면서 미국이라는 국가의 이상을 실현하는 과정을 작은 섬과 강과 같은 자연적인 풍경을 활용해 묘사한다.

몽고메리 클리프트의 후반기 출연작이기도 한 이 추억의 영화에서 단연 인상적인 인물은 캐럴 가스 역을 맡은 신인 배우 리 레믹이었다. 그녀는 후에 오멘(Omen, 1976)에 출연하기도 했다.

케논 홉킨스의 낭만적인 음악도 기억에 남는 이 영화는 1960년 12월 31일 을지로 2가 을지극장에서 개봉했다.

21

더블 맨(1967)

The Double Man

눈빛 연기가 압권인 율 브린너가 마흔일곱 살에 출연한 프랭클린 J. 샤프너(Franklin J. Schaffner, 1920~1989) 감독의 이 미스터리 스릴러는 1960년대를 대표하는 첩보 영화 중 하나로서 작가 헨리 S. 맥스필드의 첩보 소설 레거시 오브 어 스파이를 프랭크 탈로프가 각색한 작품이다.

이 영화에서 율 브린너는 두 캐릭터를 연기한다. 즉, 알프스에서 스키를 타다가 의문사한 아들의 사인을 밝히려는 미국 CIA 보좌관 댄 슬레이터, 그리고 그와 똑같은 외모의 동독 스파이 칼마르 역할을 동시에 맡았다. 이 영화에서는 특히, 오스트리아 설원을 배경으로 스키장과 케이블카 주변에서 펼쳐지는 액션 신이 대단히 인상적이다.

위기에 처한 율 브린너를 돕는 미모의 여인 지나 역에 스웨덴 배우 브리트 에클런드가 출연하는데, 그녀는 당시 명성을 더해 가던 코미디 배우 피터 셀러즈의 부인으로도 잘 알려졌지만, 1970년대 영국의 팝 로커 로드 스튜어트의 연인으로 더 유명하다.

컴퓨터 그래픽 기술이 전혀 없던 시절, 율 브린너가 연기하는 두 캐릭터를 한 프레임에 담아내 올드팬을 열광케 한 이 매력적인 스릴러물은 매처럼 날카롭고 강렬한 그의 눈빛 덕에 오랫동안 많은 이의 뇌리에 각인된 고전이다.

1972년 7월 7일 피카디리 극장에서 개봉한 이 영화에 낭만적인 감성을 더해준 음악은 어니 프리맨(작곡)과 스탠리 블랙(편곡, 연주)의 작품이다.

1920년 7월 11일 러시아 블라디보그토크 출생인 율 브린너는 이 영화에 마흔일곱의 나이에 출연했으며 1985년 10월 10일 뉴욕에서 생을 마쳤다.

22

데미트리우스와 검투사(1954)

Demetrius and the Gladiators

델머 데이브즈 감독의 이 작품은 엄밀히 따지자면 종교 영화다. 실제로 감독은 제목에서 연상되는 검투사 액션보다 데미트리우스(빅터 마추어)가 예수의 처형장에서 붉은 성의를 주움으로써 진정한 믿음을 깨달아가는 과정에 더 큰 의미를 부여한다. 이 영화는 검소한 크리스천의 신앙심을 로마 폭정과 대조해 감동적으로 그리면서, 신심이 독실하던 데미트리우스가 믿음을 저버리고 한동안 방황하다가 예수의 사도 베드로(마이클 레니)의 도움으로 신을 되찾는 과정을 그린다.

로마의 자유시민 데미트리우스는 예수의 성의를 지키려다 로마군에게 잡혀 검투사가 되지만, 신의 계명을 준수해 살인하지 않는다. 그가 호랑이들과 혈투를 벌이는 장면, 새 황제가 될 클로디우스(배리 존스)의 아내 메살리나(수잔 헤이워드)를 사랑하며 방황하는 장면, 죽은 줄 알았던 루시아(데브라 파제트)가 성의를 안고 부활하는 마지막 장면은 폭정을 일삼던 칼리귤라(제이 로빈슨)가 암살되는 장면만큼이나 인상적이다.

헨리 코스터(Henry Koster, 1905~1988) 감독의 성의(The Robe, 1953)의 후편 격인 이 작품은 1950년대 에픽 영화의 대표작인 동시에 빅터 마추어가 전성기 시절 출연한 고전으로, 세실 B. 데밀(Cecil B. DeMille, 1881~1959) 감독의 삼손과 데릴라(Samson and Delilah, 1949)와 함께 올드팬의 기억에 실로 오랫동안 남을 추억의 영화다. 성서에 충실한 시나리오이기는 하지만 모두 상업적으로도 성공한 영화들이다.

1956년 8월 28일 종로 3가 단성사와 명동 입구 중앙극장에서 동시 개봉했다.

23

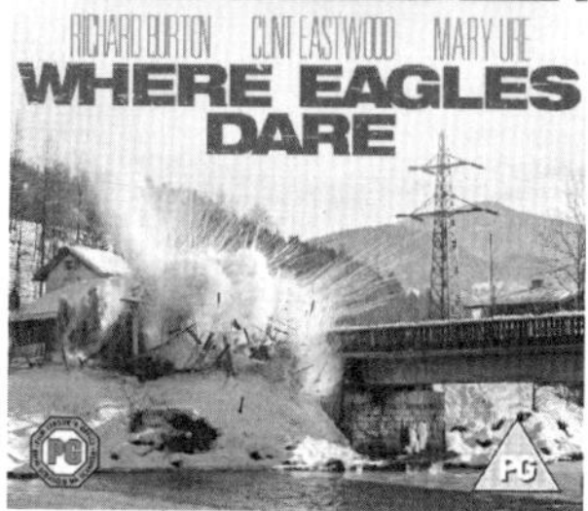

독수리 요새
(1968)

Where Eagles Dare

1950년대 웨스턴 OK 목장의 결투(Gunfight at the O.K. Corral, 1957)와 건힐의 결투(Last Train from Gun Hill, 1959)에 출연했던 브라이언 G. 허튼(Brian G. Hutton, 1935~2014) 감독이 연출한 이 전쟁 영화는 스코틀랜드 출신의 작가 알리스테어 맥린이 자신의 동명 소설을 각색했다. 그 내용은 제2차 세계대전 당시 난공불락의 나치군 요새에 영미 연합군 특공대가 침투해 활약한 작전을 그린 것으로 전쟁 스릴러의 고전이다.

영미 연합군의 제2차 나치군 침공을 계획한 미국의 카나비 장군을 구출하고자 영국군 존 스미스 소령(리처드 버튼)이 미군 특전 대장 세니퍼 중위(클린트 이스트우드)와 함께 나치군의 독수리 요새에 침투해 임무를 수행하는 과정을 그린 이 영화의 볼거리는 연합군 특공대의 과대 포장된 액션보다 손에 땀을 쥐게 하는 긴장감 넘치는 서스펜스이다.

복선을 겹겹이 깔아 연출한 전형적인 스릴러 기법은 지금 봐도 새롭고 현대적이며, 연합군 특공대가 임무를 마치고 독수리 요새를 무사히 탈출하는 마지막 케이블카 신은 긴박감 넘치는 명장면이다.

엘리자베스 테일러는 당시 남편이었던 리처드 버튼의 촬영 현장에 찾아와 곁을 지키며 남편이 더 나은 연기를 하도록 도움을 줬다고 하고, 클린트 이스트우드도 이 영화를 통해 웨스턴 장르에서 벗어나 새로운 연기 세계를 구축했다. 한편, 여성 특공대원 메리 엘리슨 역을 맡아 올드팬에게 깊은 인상을 남긴 스코틀랜드 출신 여배우 메리 우어는 영국 배우 로버트 쇼의 아내로 1975년 42세가 되던 해 사망했다.

쿠엔틴 타란티노의 바스터즈: 거친 녀석들(Inglourious Basterds, 2009)에서도 이 영화에서 느낄 수 있는 몇몇 이미지들이 잘 사용되고 있는데, 이 영화는 1969년 5월 3일 단성사에서 개봉해 관객 20만 명을 동원하면서 흥행에 성공했다.

24

독일 영년(零年) (1947)

Germania Anno Zero

제2차 세계대전이 끝나고 1947년에 제작된 이 영화는 로셀리니(Roberto Rossellini, 1906~1977) 감독의 전쟁 3부작 중 가장 충격적인 작품이다. 다큐멘터리를 떠올리게 하는 카메라 앵글은 전쟁이 남긴 폐허에서 궁핍하게 살아가는 소년의 그늘진 운명을 담아내고, 소년의 죽음을 목격하고 눈물 흘리는 여성을 통해 어두운 역사를 그려낸다.

열두 살 소년 에드문트(에드문트 모에시케)의 시선에 비친 전후 독일 사회상을 담은 이 영화에서 소년은 국가 정체성을 이해하기는커녕 하루하루 생존하기조차 힘겹다. 어떻게 살아남을 것인가? 폐허가 돼버린 도시 베를린에서 병상의 늙은 아버지를 모시는 삶이 소년으로서는 막막하기만 하다.

이후 라이너 베르너 파스빈더(Rainer Werner Fassbinder, 1945~1982) 감독도 마리아 브라운의 결혼(Die Ehe der Maria Braun, 1979)에서 마리아(한나 쉬굴라)가 겪는 전쟁 후유증과 미군정 상황을 암울하게 묘사하듯이 소년 에드문트가 결국 아버지를 독살하고 자신도 스스로 목숨을 끊는 전후 독일의 현실은 참혹하기만 하다.

전쟁이란 소수의 오판으로 빚어지는 엄청난 혼란이다. 이미 죽고 없는 히틀러의 목소리가 녹음테이프에서 흘러나와 망령처럼 떠돌고, 패전국 독일의 국민은 비참하게 굶주린다.

마치 우리의 한국전쟁을 떠올리게 하는 이 영화를 보고 있노라면, 1965년 박상호(朴商昊, 1931~2006) 감독의 비무장지대에 나오는 전쟁 고아 소년과 소녀의 모습이 오버랩된다.

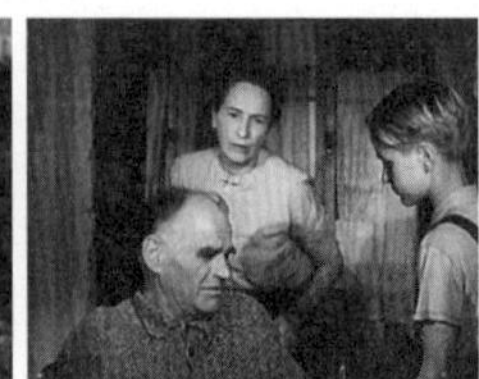

25

돈(1958)

1950년대 말 전후의 피폐한 농촌을 배경으로 돈에 집착하는 빈농 봉수의 어리석은 탐욕과 살인을 그린 이 영화는 김소동(金蘇東, 1911~ 1988) 감독이 연출한 사회 드라마의 걸작이다. 경북 상주 출신의 김소동 감독은 경성제일교보 재학 시절 나운규의 아리랑(1926)을 보고 감명을 받아 영화인의 꿈을 키웠다. 당시에 이 영화의 제작까지 맡아 완성한 이승만 정부는 이 작품이 한국 농촌 사회를 너무 어둡고 절망적으로 그렸다면서 국제영화제 출품 자격을 박탈하는 해프닝을 벌이기도 했다.

아무리 열심히 농사를 지어도 가난을 벗어나지 못해 딸의 혼인도 늦춘 봉수(김승호)는 노름에 손을 대지만, 그나마 가진 돈마저 모두 잃고 사채꾼 억조(최남현)에게 속아 구제품 장사를 시작한다. 하지만 사기꾼(노경희) 일당에 걸려 돈을 날린다. 봉수의 아들 영호(김진규)가 사랑하는 옥경

(최은희)도 형편이 나빠 술집에서 일한다. 그러던 어느 날 옥경을 겁탈하려던 억조가 실수로 흘린 돈을 봉수가 주워 챙기자 둘 사이에 싸움이 벌어지는데, 이때 결국 억조가 목숨을 잃는다.

탄탄한 시나리오에 바탕을 두고 섬세한 심리 드라마로 완성된 이 영화에서 당대 최고 스타였던 최은희의 출연도 흥미롭지만, 봉수를 파멸로 이끄는 억조 역의 최남현도 열연을 펼친다.

1958년 3월 9일 광화문 국제극장에서 개봉한 이 영화는 전후 1950년대 말 소비 지향적이고 비인간적인 자본주의를 신봉한 이승만 정권을 통렬하게 비판하는데, 현재 한국 사회의 어두운 면을 예시적으로 보여주는 듯하다.

26

두 번째 숨결
(1966)

Le Deuxième souffle

장 피에르 멜빌 감독이 연출한 이 필름 누아르의 주인공 귀 맹다(리노 벤추라)는 악명 높은 탈옥수이지만, 동료 사이에 의리가 있고 연인 마누시를 깊이 사랑한다.

현대 범죄 영화에 등장하는 주인공의 행동에 대한 도덕적 평가는 때로 아주 모호하다. 법을 집행하는 사람보다 범법자가 되어 쫓기는 사람이 오히려 관객의 동정심을 유발해 영화에 빠져들게 한다. 러닝타임이 2시간 20분에 달해 비교적 긴데도 귀 맹다가 탈옥해 파리와 마르세유를 넘나드는 동선이 그리 지루하지 않은 것은 리노 벤추라의 탁월하고 중후한 연기력 덕분이다.

귀 맹다를 추적하는 냉혹한 경찰 블로 경감(폴 뫼리스)이 기자에게 투서

하는 라스트 신과 귀 맹다가 단원 세 명과 함께 현금 호송차를 강탈하는 해변의 절벽 신은 관객에게 숨 막히는 긴장감을 선사한다.

이 영화는 1970년 국내 개봉한 장 피에르 멜빌 감독의 **고독**(Le Samourai, 1967, DVD 출시 제목 사무라이: 한밤의 암살자), **리스본 특급**(Un Flic, 1972, DVD 출시 제목 형사), **대결**(Le Cercle rouge, 1970, DVD 출시 제목 암흑가의 세 사람)보다 흥행에 성공하지는 못했지만, 홍콩의 오우삼(John Woo: 吳宇森, 1946~)과 미국의 쿠엔틴 타란티노 등 현대의 많은 감독에게 영향을 준 범죄 영화의 걸작이다.

이 세련된 프렌치 누아르는 2007년에 다니엘 오테유, 모니카 벨루치 주연, 알랭 코르노(Alain Corneau, 1943~2010) 감독의 연출로 리메이크됐으며 시나리오 원작자는 **암흑가의 두 사람**(Deux hommes dans la ville, 1973)으로 유명한 호세 지오바니(José Giovanni, 1923~2004) 감독이다.

27

뒤돌아보지 마라(1967)

Don't Look Back

D. A. 펜네베이커(D.A. Pennebaker, 1925~) 감독이 시나리오를 쓰고 촬영과 편집까지 맡은 이 매력적인 팝 다큐멘터리영화는 스물세 살의 밥 딜런이 영국에서 머문 3주간의 행적을 그린 이채로운 작품이다.

1965년 봄, 펜네베이커 감독은 젊은 음유시인 밥 딜런이 고향을 떠나 낯선 영국에서 3주간 투어하며 공연하는 과정을 그린다. 밥 딜런의 매니저 앨버트 그로스먼의 의뢰로 제작된 이 다큐멘터리에서 카메라는 공항과 호텔 방, 기자 회견실 등을 따라다니며 인터뷰를 곁들여 밥 딜런의 일상을 말착해 담는다. 포크 싱어 조앤 바에즈도 이 투어에 동행한다. 콘서트는 1965년 4월 30일부터 5월 10일까지 3주간 셰필드 시티홀을 시작으로 리버풀 오데온 극장, 레스터의 드 몽포르홀, 버밍엄 타운홀, 뉴캐슬 시티홀, 맨체스터의 프리 트레이드홀을 거쳐 로열 앨버트홀에서 마무리된다.

밥 딜런의 'Subterranean Homesick Blues'에 맞춰 가사를 보여주는 오프닝 신, 재치 있고 당당한 그와 연인 조앤 바에즈의 일상은 물론, 당대의 포크 뮤지션 도노반과 만나는 장면 등에서는 한 시대를 풍미한 거장들을 통해 1960년대 음악사를 돌아볼 수 있다. 특히, 잭 케루악의 글 못지않게 의미심장한 가사를 시처럼 읊는 이십 대 초반 싱어송라이터 밥 딜런의 포크송은 관객의 마음을 적시고 시대를 초월한다. 모호하면서도 재기 발랄한 가사가 펜네베이커 감독의 영상으로 화면에 펼쳐진다.

미국 야구선수 사첼 페이지의 말 '돌아보지 마라. 무언가가 당신을 따라잡을지 모른다'라는 말에서 제목을 인용한 펜네베이커 감독은 다이렉트 시네마를 대표하는 감독 중 하나다. 연출 없이 대상을 있는 그대로 포착하는 다이렉트 시네마의 대표적인 기법 중 하나는 핸드헬드 방식이다. 이 영화도 때로 화면이 거칠고 생경하지만, 진실을 보여준다는 이념에 충실한 방식으로 제작됐다.

세계 팝 역사에 한 획을 그은 밥 딜런은 이 다큐멘터리에 출연한 뒤부터 일렉트릭 기타를 연주하기 시작했으며, 이 영화는 2006년 체코의 카를로비 바리 국제영화제에서 뒤늦게 상영돼 격찬을 받았다.

드라이버(1978) 28

The Driver

48시간 시리즈로 유명한 월터 힐(Walter Hill, 1942~) 감독의 영화에는 그가 사랑한 고전과 감독들의 연출에 바치는 오마주를 발견하는 재미가 있다. 그가 직접 시나리오를 쓰고 연출한 이 영화는 1960년대 프렌치 누아르의 대명사인 장 피에르 멜빌 감독의 영화 고독의 이미지와 스타일을 좇아 무한한 존경을 보낸다. 라이언 오닐이 연기하는 주인공 드라이버는 경찰차의 추격을 따돌리는 실력이 놀라워서 돈을 받고 은행 강도단을 도주시키는데, 스티브 맥퀸의 블리트(Bullitt, 1968)와 진 해크먼의 프렌치 커넥션(The French Connection, 1971)과는 또 다른 자동차 액션이 매력적이다.

신기에 가까운 운전 실력을 갖춘 드라이버(라이언 오닐)는 거액을 대가로 은행 강도들의 도주를 돕는 전문 범죄자다. 그는 실패나 실수 없이 깔끔하게 일을 처리하는 프로지만, 단 한 번의 부주의로 차 안에 열쇠를 남긴 것이 화근이 된다. 그를 추적한 디텍티브(브루스 던)는 그 열쇠를 단서로 드라이버를 추궁하지만, 드라이버의 여자 친구인 플레이어(이자벨 아자니)가 완벽한 알리바이를 제공해준다. 디텍티브는 드라이버를 체포하기 위해 악당들을 매수해 미끼를 던진다. 드라이버는 거액이 걸린 이번 일을 마지막으로 생각하고 범죄에 가담한다. 하지만 미끼였던 돈이 들어오자 악당들은 경찰을 배신하고 드라이버부터 죽이기로 한다.

냉소적인 드라이버가 디텍티브의 계략에 말려들지 않고 끝내 한 방을 먹이는 라스트 신에서 월터 힐 감독의 1950~60년대 필름 누아르에 대한 향수를 느낄 수 있다. 또한, 플레이어 역을 맡은 프랑스 출신 배우 이자벨 아자니는 당시 스물세 살 어린 나이였지만, 당찬 연기력을 과시했다.

월터 힐 감독은 노먼 주이슨(Norman Jewison, 1926~), 우디 앨런(Woody Allen, 1935~) 감독의 조감독으로 일한 바 있고, 샘 페킨파(Sam Peckinpah, 1925~1984) 감독 영화에 시나리오 작가로 참여하고 나서 1975년 찰스 브론슨이 주연한 **투쟁의 그늘**(Hard Times)로 감독 데뷔했다.

들개(1949)

野良犬

29

구로사와 아키라 감독은 이 영화에서 비토리오 데 시카(Vittorio De Sica, 1901~1974) 감독의 자전거 도둑(Ladri di biciclette, 1948)의 소재를 빌리고, 줄스 대신(Jules Dassin, 1911~2008) 감독의 공포의 거리(The Naked City, 1948)와 유사한 수사 과정을 세밀하게 연출하는데, 페르소나인 다카시와 도시로 두 배우의 열정적인 연기 덕분에 이 작품은 형사 영화의 고전이 됐다.

영화의 배경은 제2차 세계대전이 끝난 지 4년이 흘렀을 때 , 이상 기온이 계속돼 몹시 무덥던 어느 여름날 동경이다. 풋내기 형사 무라카미(미후네 도시로)는 사격 훈련을 마치고 귀가하던 길에 만원 버스에서 실탄 일곱 발이 든 콜트 권총을 소매치기 당하자 그 권총을 찾아다닌다.

범인은 눈빛이 슬픈 유사(키무라 이사오)임이 일찌감치 밝혀지지만, 그에게 반한 쇼걸 나미키 하루미(아와지 게이코)가 고발을 늦춘 바람에 막바지가 돼서야 진상이 드러난다.

무라카미를 돕는 노련한 형사 사토(시무라 다카시)는 푹푹 찌는 폭염에 연신 땀을 닦아내고, 콜트 권총의 행방이 오리무중에 빠지자 무라카미는 자책을 거듭한다.
제작된 지가 오래된 1940년대 고전이지만 범인을 추적해가는 이야기의 진행 방식에 있어서는 데이빗 핀처(David Fincher, 1962~)의 **세븐**(Seven, 1995)을 연상하게 해, 서로 비교하며 감상해도 좋을 듯하다.

러닝타임 122분의 이 흑백영화는 구로사와 아키라 감독의 미출간 범죄소설을 각색한 누아르풍의 미스터리 스릴러다.

러브 미 텐더(1956)

30

Love Me Tender

로버트 D. 웹(Robert D. Webb, 1903~1990) 감독이 연출한 이 영화는 당시 세계적인 로큰롤 선풍을 일으킨 엘비스 프레슬리의 데뷔작이다. 제작사인 20세기 폭스는 애초에 이 영화에 '레노 브라더즈(Reno Brothers)'라는 제목을 붙이려고 했으나 엘비스 프레슬리의 인기를 고려해서인지 그의 히트곡 제목 'Love Me Tender'를 그대로 사용했다.

이 영화는 남북전쟁이 막 끝난 1865년 남부의 어느 작은 마을을 배경으로 전사했다던 레노 집안의 장남 밴스(리처드 이건)를 비롯한 삼 형제가 살아 돌아오면서 벌어지는 가족의 갈등을 그린다. 갈등은 막내 클린트(엘비스 프레슬리)가 큰형 밴스의 애인이었던 캐시(데보라 파제트)와 결혼하면서 시작된다.

아직도 밴스를 잊지 못하는 캐시, 막냇동생을 위해 캐시를 애써 잊으려고 하는 밴스. 행여 형제간에 불상사가 생길까 봐 불안해하며 자식들을 지켜보는 노모…. 이렇듯 분위기가 살얼음판 같던 집에 밴스의 옛 전우들이 나타나면서 갈등이 불거져 비운의 젊은이 클린트가 질투에 사로잡혀 죽어간다.

라이오넬 뉴먼이 음악을 담당한 이 영화에는 엘비스 프레슬리의 주제가 'Love Me Tender'를 비롯해 'Let Me' 'Poor Boy' 'We're Gonna Move'가 삽입됐으며, 극 중에서 엘비스 프레슬리는 기타를 치며 멋진 춤과 노래를 선보인다.

1957년 9월 30일 수도극장에서 개봉한 이 영화가 뜻밖에 흥행하면서 엘비스 프레슬리는 가수 겸 배우로 새로운 스타가 됐다.

31

로마의 애수(1961)

The Roman Spring of Mrs. Stone

중년 여배우가 때늦은 사랑으로 파멸하는 과정을 그린 테네시 윌리엄즈의 작품을 각색한 호세 퀸테로(José Quintero, 1924~1999) 감독은 이 고전 로맨스 영화에서 당시 마흔여덟 살이었던 비비앤 리의 빼어난 연기를 통해 사랑의 허상을 그린다.

카렌 스톤(비비앤 리)은 평생 의지하고 사랑한 남편이 비행기에서 급사하자, 휴가차 떠난 이탈리아 로마 여행에서 만난 젊은 제비족 파올로를 사랑했다가 처절하게 버림 받는다. 파올로에게 상처 받은 카렌이 자신을 따라다니던 노숙자에게 방문 열쇠를 던지는 라스트 신은 비비앤 리의 슬픈 표정 때문에 오랫동안 기억에서 지워지지 않는다.

아름답고 낭만적인 로마의 현실적인 이면, 타락과 욕망, 속물근성과 출세

욕을 다룬 이 영화에서 연상녀 카렌을 유혹하는 파올로 역을 당시 스물네 살의 신인 배우 워렌 비티가 훌륭히 소화했다는 점 또한 인상적이다. 아울러 리처드 애딘셀의 로맨틱한 영화음악, 그리고 파올로의 포주로 등장하는 영국 배우 스텔라 본헤어의 노련한 연기도 이 영화의 성공 요소로 빼놓을 수 없다. 바버라 빙햄 역을 맡은 질 세인트 존이 007 시리즈 다이아몬드는 영원히(Diamonds Are Forever, 1971)에서 본드 걸로 등장해 유명해졌다는 사실도 기억에 남는다.

평소 조울증 외에도 병치레가 잦았던 비비앤 리는 1959년 로렌스 올리비에와 이혼하고 심한 좌절의 세월을 보낸 뒤 1967년 고독과 폐결핵으로 고통 받다 쉰다섯의 나이로 세상을 떠났다.

이 영화는 1962년 9월 22일 명동 입구 중앙극장에서 개봉했다.

32 롬멜 작전(1951)

The Desert Fox

헨리 해서웨이(Henry Hathaway, 1898~1985) 감독의 이 영화는 히틀러와 롬멜의 대립을 그린 전쟁 드라마로, 군인으로서 사명과 명분을 지키려고 했던 한 인간의 결의와 행동의 의미를 조명한다.

제2차 세계대전의 막바지, 격전지가 된 아프리카 사막과 롬멜의 사택을 배경으로 펼쳐지는 이 이야기에서 영국군에게 두려움의 대상이었던 독일군 장군 에르빈 롬멜(제임스 메이슨)은 총통 히틀러의 옳지 못한 명령에 반기를 든다. 히틀러는 충성스러운 부하들의 간언을 경청하지 않고, 측근 수뇌부의 농간에 휘말려 리더로서 분별력을 상실하고 결국 암살당할 빌미마저 제공한다.

헨리 해서웨이 감독은 세미다큐멘터리 영화 92번가의 저택(The House on

92nd Street, 1945)에서 그랬듯이 이 작품에서도 다큐멘터리 드라마를 전개하는데, 실제 아프리카 전투의 자료 화면을 적절히 편집해 넣음으로써 '사막의 여우'처럼 능수능란하게 전술을 구사했던 롬멜의 위용을 한껏 살려낸다. 이것이 과연 누구를 위한 전쟁인지 고뇌하는 롬멜의 진실하고 애국적인 군인상과 히틀러의 무모한 광기를 대조적으로 부각하는 카메라는 비극의 주인공 롬멜을 쫓으며 동정적인 관점을 드러낸다.

이후 드라이빙 미스 데이지(Driving Miss Daisy, 1989)로 유명해진 제시카 탠디가 롬멜의 아내로 등장하기도 한 이 작품의 원작은 영국군 준장이었던 데스먼드 영의 저서로서 롬멜의 말년은 많은 부분이 각색됐다.

1966년 12월 8일 스카라 극장에서 '제임스 메이슨의 롬멜 작전'이라는 제목으로 개봉한 이 영화는 '사막의 여우 롬멜'이라는 제목으로도 알려졌다.

33

마음의 고향
(1949)

윤용규(尹龍奎, 1913~) 감독의 이 영화는 함세덕의 희곡 동승을 시대에 맞게 각색한 한국 최초의 불교 영화다. 희곡은 주인공 동승과 주지 스님의 관계를 제국주의 일본과 신민지 조선의 관계에 빗대고 일제의 억압과 조선의 해방을 암시했으나, 이 영화에서는 생모를 그리워하는 동자승과 아들을 잊지 못해 비통해하는 어머니, 모자와 갈등을 일으키는 주지 스님과 동자승을 양자로 삼으려는 미망인의 서로 다른 욕구와 갈등에 초점을 맞춘다.

마을이 내려다보이는 깊은 산사에서 벌어지는 이 이야기는 촬영감독 한형모(韓瀅模, 1917~1999)의 아름답고 서정적인 흑백 영상 덕에 한 편의 낭만적인 시처럼 펼쳐지며, 부전의 목탁 소리와 동승의 범종 소리, 주지 스님의 염불 소리가 마음을 평안하게 해준다.

특히 윤용규 감독은 당시 주위의 만류를 무릅쓰고 미망인 역에 신인 배우 최은희를 캐스팅했는데, 그녀는 열아홉 살 어린 나이에도 노련하게 삼십 대 여성을 연기해냈고, 완고한 주지 스님 역의 변기종과 미망인 역의 석금성, 동자승 역의 유민의 연기력 또한 이 영화를 빛낸다.

제작자 이강수가 '곽일병'이라는 필명으로 원작에 없는 동승의 생모 캐릭터를 만들어 시나리오를 쓴 이 영화는 1949년 2월 9일 수도극장 개봉 당시 관객의 뜨거운 호응을 얻었다. 하지만 이듬해 한국전쟁이 일어나면서 필름이 유실됐다. 1993년 한국영상자료원이 이강수에게 16mm 필름을 받았으나, 현재 출시돼 있는 DVD는 2005년 일본의 필름아카이브 NFC에서 오리지널 네거티브 마스터 필름을 받아 매체 변환한 것이다. 이 작품은 희소성이 인정돼 2007년 문화재청 근대 문화재로 등록됐으며, 필자가 이 영화를 원안으로 해서 제작 및 연출한 내 마음의 고향은 2014년 8월 서울국제청소년영화제 초청작으로 상영됐다.

마침내 안전 34

(1923)

Safety Last

샘 테일러(Sam Taylor, 1895~1958)와 프레드 C. 뉴마이어(Fred C. Newmeyer, 1888~1967)가 공동 연출한 이 영화는 사랑하는 약혼녀(밀드레드 데이비스)를 고향에 둔 채 도시로 온 청년(해럴드 로이드)이 백화점 말단 판매원이면서도 근사한 선물을 보내는 바람에 그의 성공을 지레짐작한 약혼녀가 백화점에 깜짝 방문하면서 벌어지는 코믹한 상황을 그리고 있다. 해럴드 로이드는 찰리 채플린, 버스터 키튼과 더불어 무성영화 전성기였던 1920년대에 독창적인 아크로바틱 액션과 슬랩스틱 코미디를 보여준 배우다.

자본주의의 근본적인 속성을 명쾌하게 짚어내고 풍자한 찰리 채플린 못지않게 해럴드 로이드도 당시 출세와 물질을 꿈꾸며 대도시로 몰려들던 소시민의 애환을 특유의 코미디로 풍자한다. 후반부에서 해럴드 로이드가 건물 외벽을 기어올라 커다란 시계 바늘에 매달린 장면은 무성영화 역사상 가장 기억에 남는 상징적인 아이콘이기도 하다.

집주인이 밀린 월세를 독촉하러 방에 들어오자 다리를 오므리고 옷걸이에 걸린 옷인 척한다거나 회사에 지각하자 환자인 양 구급차 옆에 드러눕는 등 해럴드 로이드의 연기를 홍콩의 액션 배우 성룡(재키 찬)은 코미디 연기의 롤모델로 삼았다. 그러니 약간 과장하면서도 끝까지 최선을 다하는 해럴드 로이드를 성룡과 비교하며 영화를 감상하는 재미도 쏠쏠할 것이다.

1893년 미국 네브래스카 주 버처드에서 태어난 헤럴드 로이드는 1912년 토머스 에디슨이 운영하는 영화특허회사(MPPC)에서 단역으로 출연하면서 영화계에 데뷔했다.

막차로 온 손님들(1967) 35

이 영화는 1960년대 청년들이 느낀 삶에 대한 절망과 소외, 사회적 괴리와 존재의 무력감을 다룬 작품으로, 문예영화의 고전으로 손꼽힌다. 당시 주간 한국에 연재되던 홍성원의 소설을 각색한 이 작품은 유현목 감독의 잉여인간(1964)과 순교자(1965), 춘몽(1965) 등과 마찬가지로 사회성이 매우 강한 관념적이며 실험적인 문제작이다. 각본을 쓴 작가 이상현은 "영화 막차로 온 손님들은 적어도 한국 영화의 미래를 점칠 수 있는 획기적인 작품이다. 우리가 흔히 절찬해 마지않던 이만희의 만추나 김수용의 안개가 받았던 가작 또는 수작이라는 일반적인 개념을 뛰어넘는 올바른 의미의 문제작, 그것도 아주 뛰어난 문제작의 하나"(동아일보 67. 12. 28)라고 찬사를 아끼지 않았다.

'폐장 육종'이라는 병에 걸려 시한부 인생을 사는 주인공 이동민(이순재)

을 중심으로 친구인 정신과 의사 경석(성훈)과 팝아트 화가 충현(김성옥), 그리고 부잣집 딸 보영(문희)과 친구이자 계모(남정임)의 이야기가 얽히고설키면서 멜로드라마의 성격도 드러난다.

동반 출연한 당시 최고의 청춘 스타 문희와 남정임, 그리고 이순재의 젊은 날 연기도 좋지만, 이 영화에서 화가 충현의 모델로 등장했다가 몇 년 뒤에 영화 **별들의 고향**(1974)에서 주인공 경아를 연기한 신인 안인숙의 연기도 이채롭다. 그리고 이동민의 방과 충현의 작업실을 보면 알 수 있듯이 유현목 감독의 프로덕션 디자인이 만들어내는 미장센은 더글러스 서크의 영화에서처럼 단아하다.

이 영화는 제4회 백상예술대상에서 영화음악상을 받았고, 문희는 최우수 여자연기상을 받았다. 제11회 부일영화상에서는 촬영상을, 제4회 한국연극영화예술상에서는 영화음악상, 문희가 연기상을 받았는가 하면, 제3회 백마상에서는 김성옥이 신인남우상을 받았다.

1967년 12월 14일 충무로 명보극장에서 개봉해 관객 7만 명을 동원하고 제6회 파나마 국제영화제에도 초청됐던 이 영화의 필름을 2009년 한국영상자료원이 디지털 복원했다.

36 말이라 불리운 사나이(1970)

A Man Called Horse

엘리어트 실버스테인(Elliot Silverstein, 1927~) 감독이 연출한 이 영화는 영국인 존 모건(리처드 해리스)이 미국 여행 중 인디언에게 잡혀 5년간 그들과 함께 살면서 그들의 삶에 동화되는 과정을 그린 웨스턴 어드벤처 드라마다.

1821년, 존 모건 경은 미국의 평원 지대 다고타에서 사냥하다가 수우 족 계열의 노란손 부족에게 영문도 모른 채 잡혀 노예가 된다. 엘리어트 실버스테인 감독은 존 모건이 고초를 겪으며 인디언으로 거듭나는 과정을 의식과 행동의 변화를 통해 그려낸다. 존 모건이 노예로서 '말(Horse)'을 뜻하는 '슌카와칸(Shunkawakan)'이라는 이름으로 처음 불리는 장면, 노란손 부족의 앙숙인 쇼스니 족의 머리 껍질을 들고 동족으로 인정받는 장면, 노란손의 여동생과 결혼해 가정을 꾸리는 장면은 대단히 인상적이다. 노란손의 어머니 역을 맡아 인디언 노파로 등장한 주디스 앤더슨의 연기도 탁월하다.

이 영화의 반응이 좋아 어빈 커쉬너(Irvin Kershner, 1923~2010) 감독이 1976년에 연출한 속편에서도 리처드 해리스는 노란손 부족을 위기에서 구하는 영웅으로 출연한다. 같은 시기에 발표된 더스틴 호프먼 주연의 작은 거인(Little Big Man, 1970)보다 작품성이나 주제 의식은 다소 떨어지지만, 서구 문명과 인디언의 신비주의가 충돌한다는 메시지는 케빈 코스트너의 수작 늑대와 춤을(Dances with Wolves, 1990)에 영향을 끼쳤다.
비슷한 주제로, 1956년 11월 13일 을지로 국도극장에서 개봉한 피묻은 화살(Broken Arrow)에서는 인디언 여자와 결혼한 제임스 스튜어트가 아내를 잃은 슬픔 때문에 백인들에게 복수를 결심하는 백인 장교로 등장했다.

이 영화는 1971년 9월 24일 충무로 스카라 극장에서 개봉해 관객 7만여 명을 동원해 흥행에도 비교적 성공했다.

37

망각의 여로

(1945)

Spellbound

프랜시스 비딩의 소설 에드워즈 박사의 집을 앨프리드 히치콕 감독이 시나리오 작가 벤 헥트와 공동 각색한 이 영화는 정신분석의 에드워즈 박사가 꿈을 해석해 살인 사건을 해결한다는 내용을 담고 있는 서스펜스 스릴러의 고전이다.

이 영화에서 감독은 인간의 강박증과 프로이트의 정신분석을 다루면서 동시에 여의사 콘스턴스 피터슨(잉그리드 버그먼)과 병원장으로 갓 부임한 에드워즈 박사(그레고리 펙)의 로맨스에 초점을 맞춘다. 그러나 'J. B.'라는 머리글자만 밝힌 의문의 남자가 경찰에 쫓기면서까지 에드워즈 박사의 실종 사건을 해결하려는 장면에서는 스릴러 대가 감독의 탁월한 초현실적 연출이 돋보인다.

여기서 히치콕 감독은 조금은 피상적이지만 의사와 환자의 특별한 관계에서 생기는 사랑의 감정은 결코 진실할 수 없다고 역설한다. 결국 사랑에 빠진 의사는 사랑의 감정에 오염된 환자의 거짓을 눈치채지 못한다.

정신분열 환자를 주인공으로 내세운 영화들은 히치콕 감독의 특징이라 볼 수 있는데, 이 작품에서 그려내는 기억상실과 강박증은 화가 살바도르 달리가 직접 제작한 오픈 세트를 통해 촬영됐다.

이 영화의 원제 'Spellbound'는 '홀린, 매혹에 빠진'을 뜻하며 인간의 병리 현상을 정신분석학으로 해석하는 앨프리드 히치콕 감독의 성향은 티피 헤드런 주연의 미스터리 스릴러 마니(1964)에서도 드러난다.

1959년 6월 10일 광화문 아카데미 극장에서 개봉한 이 영화는 잉그리드 버그먼과 그레고리 펙의 인기에 힘입어 국내 영화팬에게 많은 사랑을 받았다.

맥베스 (1948) 38

Macbeth

오슨 웰스(Orson Welles, 1915~1985) 감독이 연출하고 직접 주연한 이 영화는 작가 윌리엄 셰익스피어의 4대 비극 중 하나를 각색한 역사 드라마의 고전이다.

스코틀랜드의 장군 맥베스가 마녀의 몽환적이며 주술적인 예언을 듣고 탐욕적인 아내와 공모해 자신의 성에 온 던컨 왕을 살해하고 왕위를 찬탈한다는 내용의 작품으로, 오슨 웰스 감독은 영국 출신인 로렌스 올리비에의 셰익스피어 영화처럼 정통성을 살리기보다 당시로써는 매우 현대적이고 실험적이며 B급 무비 같은 파격을 구사한다. 셰익스피어의 원작에서 드러난 매우 원색적인 주제, 즉 인간의 추악한 욕망을 흑백 대조가 돋보이게 표현한 필름 누아르풍 촬영과 조명은 가히 일품이며, 특히 레이디 맥베스의 독백이 흐르면서 맥베스가 던컨 왕을 살해하는 '딥 포커스 시퀀스'는 이 영화를 고전의 반열에 올려놓은 독창적인 연출 기법이다.

맥베스의 폭정에 항거하는 던컨 왕의 아들 맬컴이 버남의 숲 나뭇가지로 위장하고 맥더프의 군대와 합세해 맥베스를 제거하는 라스트 신이 이 영화의 하이라이트이며, 맥베스 역의 오슨 웰스와 아내 역의 지네트 놀런의 연기는 압도적이다. 권력욕에 사로잡혀 살인하고 권좌에 오른 한 인간이 파멸해가는 비극적 과정에 대한 셰익스피어의 성찰을 '포스트모던'하게 그려낸 오슨 웰스 감독만의 심리 묘사가 돋보인다.

이 영화에 영향을 받아 구로사와 아키라 감독은 셰익스피어의 맥베스를 일본 중세 시대가 배경인 거미의 성(蜘蛛巣城, 1957)으로 리메이크했고, 로만 폴란스키(Roman Polanski, 1933~) 감독도 1971년에 극사실주의적인 연출로 맥베스(The Tragedy of Macbeth)를 리메이크했다. 한편, 프랑스의 비평가 앙드레 바쟁은 오슨 웰스 감독이 셰익스피어를 최초로 전위적으로 해석했다며 격찬하기도 했다.

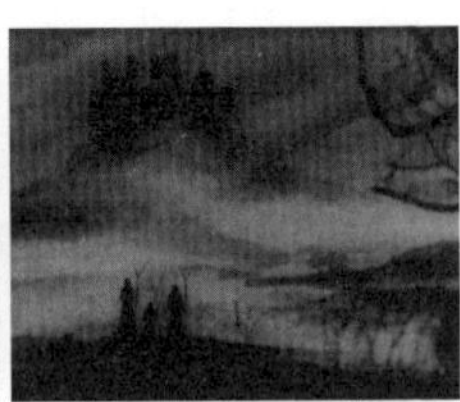

39

맨츄리안 캔디데이트

(1962)

The Manchurian Candidate

존 프랑켄하이머(John Frankenheimer, 1930~2002) 감독이 연출한 이 매력적인 정치 스릴러는 동서 냉전 시대가 배경인 리처드 콘돈의 동명 소설을 각색한 작품이다.

한국전쟁이 한창이던 1953년 전장에서 공산주의자들이 미군 포로를 세뇌하는 초반부는 매카시 선풍에 필적할 만한 정치성을 보여준다. 이 영화에는 성격파 배우 헨리 실바가 북한군으로 등장한다. 보수적이면서도 이율배반적인 인물을 실감 나게 연기한 안젤라 랜스베리는 이 영화로 오스카 여주조연상을 받았고, 로렌스 하베이도 심약한 아들 역을 훌륭히 소화했지만 정작 사건을 이끌어가는 프랭크 시나트라와 자네트 리의 연기는 그저 안정적이다.

전쟁을 통해 실리를 얻으려는 정치 권력과 권력자들의 이해관계에 따라 순종적으로 희생되는 소수는 늘 존재한다. 내면이 사악한 캐릭터들과 이들을 막으려는 캐릭터들 사이의 팽팽한 긴장감 덕분에 이 영화는 재미가 끝까지 유지된다. 부하의 정체성을 찾아주려는 마르코 소령(프랭크 시나트라)과 그의 기대에 부응하려는 부하 레이먼드 쇼 하사(로렌스 하베이)가 등장한 라스트 신은 지금도 기억에 남을 만큼 상당히 충격적이다.

이 영화의 핵심은 로렌스 하베이가 어머니로부터 세뇌를 당하고 권력의 도구로 이용당한다는 이야기인데 여기서 이들을 마음대로 조종하는 어머니 앤젤라 랜스베리는 1950년대 미국사회를 휩쓴 조셉 매카시 상원의원을 모델로 하고 있다.

당시 원작의 팬이면서 프랭크 시나트라의 절친이었던 존 F. 케네디 대통령이 적극적으로 권유해 만들었다는 이 작품은 2004년 덴젤 워싱턴 주연의 영화로도 리메이크됐다.

40

모드의 집에서 하룻밤(1969)

Ma nuit chez Maud

여성의 은밀한 사생활을 진지하게 성찰한 에릭 로메르(Eric Rohmer, 1920~2010) 감독의 이 매력적인 흑백영화는 오랜 시간이 흐른 지금도 설득력 있는 고전이다.

수줍음을 타는 여성과 자유분방한 여성의 외형적인 차이는 무엇일까? 독실한 가톨릭 신자로서 상식적 도덕성을 지키며 살아가는 남성에게 이 두 유형의 여성이 동시에 다가온다면 그는 과연 누구를 선택할까?

거의 한정된 공간에서 진행되는 이 작품의 하이라이트는 영화의 제목이 암시하듯이 주인공 장 루이가 친구에게 소개받은 이혼녀 모드의 집에서 하룻밤을 보내는 긴 시퀀스로, 40여 분간 모드와 대화하는 장면이다.

당시 프랑스 누벨바그의 핵심 인물인 에릭 로메르 감독의 연출작 중 이 영화는 평가와 흥행 면에서 고루 성공했으며 미국의 리처드 링클레이터(Richard Linklater, 1960~) 감독과 한국의 홍상수(洪尙秀, 1961~) 감독에게 결정적인 영향을 준 사회성 짙은 멜로드라마이다.

에릭 로메르 감독은 이 영화에서 고상함, 솔직함, 순진함의 경계와 파스칼의 철학을 논하는 주인공 40대 엔지니어 남성 캐릭터 장 루이, 그리고 자신이 만든 여성 캐릭터 중에서 가장 자유롭고 매혹적인 여성 모드를 창조했다. 장 루이 역은 남과 여(Un homme et une femme, 1966)로 유명한 장 루이 트랑티냥, 성당에서 만나 결혼까지 하게 되는 프랑수아즈 역은 마리-크리스틴 바롤트, 이 영화에서 가장 매력적인 캐릭터 모드 역은 프랑수아즈 파비앙이 맡았다. 파비앙은 저스트 재킨(Just Jaeckin, 1940~) 감독의 클로드 부인(Madame Claude, 1977)에서 타이틀 롤을 맡기도 했다.

장 루이가 모드와 헤어지고 5년 뒤 어느 해변에서 재회하는 라스트 신은 장 루이의 독백과 함께 오랜 여운을 남기는 에필로그다.

모로코(1930)

Morocco

41

조셉 폰 스턴버그(Josef von Sternberg, 1894~1969) 감독은 이 영화에서 1930년대 낭만적인 시대를 배경으로 한 여성의 도발적인 사랑 이야기를 당시로써는 매우 충격적으로 연출했다.

1930년은 실제로 '토키 영화' 시대가 열린 원년이다. 무성영화 시대가 가고 스크린을 통해 연기자의 대사와 배경의 음악, 음향까지 생생하게 들을 수 있는 유성영화 시대가 도래한 것이다. 화면에 등장하는 대형 나이트클럽에서 마를레네 디트리히가 프랑스어로 부르는 '사랑이 죽을 때(Quand l'amour meurt)'를 듣다 보면 고혹적인 눈빛에 각선미가 매끈한 그녀의 매력에 빠지지 않을 수 없다.

이 작품이 무성영화였다면 마를레네 디트리히의 노래는커녕 매혹적인 목소리도 듣지 못했을 테니 유성영화로 제작된 것이 영화팬으로서는 참으로 다행스러운 일이다. 클럽 가수 에이미 졸리(마를레네 디트리히)는 클럽에서 사과를 팔며 '내 사과 값은 얼마를 매겨야 하나요?(What Am I Bid for My Apple?)'라는 노래를 부른다. 에이미 졸리에게 가난한 주제에 여자만 밝히는 외인 부대 병사 톰 브라운(게리 쿠퍼)은 특별하게 다가온다. 그동안 뭇 남성의 프러포즈를 받아온 이 이국적인 여성은 베시에르(아돌프 멘주)와의 안전한 결혼보다 톰 브라운과의 위험한 사랑을 선택한다.

미래를 기약하지 못한 채 정처 없이 사막으로 향하는 병사 톰 브라운을 따라 나서는 에이미 졸리…. 이 라스트 신은 진정으로 여성해방을 암시한다고 말할 수 있을까? 80여 년 전에 제작된 이 전설적인 영화를 보고 나는 마를레네 디트리히를 좋아하게 됐고, 내 삶도 작지 않은 영향을 받았다.

이 영화는 해방 후 1948년 1월 13일 구 경성극장인 서울극장에서 처음으로 개봉했다.

몬테 월슈(1970)

42

Monte Walsh

이 영화는 로만 폴란스키의 악마의 씨(Rosemary's Baby, 1968), 스티브 맥퀸 주연의 블리트, 커트 러셀 주연의 톰스톤(Tombstone, 1993)에 촬영감독으로 참여한 윌리엄 A. 프래커(William A. Fraker, 1923~2010)의 감독 데뷔작이며 앨런 라드 주연의 셰인(Shane, 1953) 원작자로 유명한 잭 쉐퍼의 소설을 각색한 작품이다.

"좋은 시절이 올 거야…(The good times are coming…)" 마마 캐스 엘리어트의 달콤하고 서정적인 주제가로 시작되는 이 고전은 서부 개척 시대의 끝자락에서 변화하는 현실에 적응하려는 한 남자의 이야기로, 당대 최고 배우인 리 마빈의 존재감이 확연히 드러나는 1970년대 수정주의 웨스턴이다.

한물간 늙은 카우보이 몬테 월슈(리 마빈)는 괜찮은 목장 일을 얻어 사랑하는 콜걸 마르티네 베르나르(잔 모로)와 결혼하여 정착하고 싶어 한다. 하지만 좋은 시절도 흘러 이제 갈 곳조차 없어진 몬테 월슈는 폐결핵에 걸린 마르티네, 짝패 체트 롤린스(잭 팰런스)와 함께 마지막 한탕을 벌이려다 실패하고, 결국 그의 소박한 꿈은 무너져버린다.

1971년 2월 6일 종로3가 피카디리 극장에서 개봉한 이 영화는 리 마빈, 잭 팰런스, 잔 모로의 명연기와 더불어 존 배리가 작곡한 마마 캐스의 주제가가 잊히지 않는 매우 쓸쓸하고 낭만적인 웨스턴이다.

43

미망인
(과부의 눈물, 1955)

박남옥(朴南玉, 1923~)은 한국 최초의 여성 감독이다. 극작가인 남편 이보라의 시나리오로 친언니에게 돈을 빌려 이 영화를 제작 연출하던 당시 그녀는 갓난아이를 등에 업고 촬영 현장을 지휘했다. 이 영화는 사랑을 위해 딸을 버리고, 사랑하지 않는 남자의 도움을 아무런 가책 없이 받아들이며, 배신한 남자에게 칼을 겨누는 파격적인 여성의 욕망을 전후의 피폐한 한국 사회를 배경으로 그려낸 작품이다.

6개월이라는 긴 촬영 기간에 카메라 등 장비의 수급이 원활하지 않았으며, 촬영을 힘들게 마치고 후반 작업을 할 때도 여성이라는 이유만으로 녹음 장비를 대여하기 어려웠다. 그토록 고생스럽게 완성한 이 영화를 배급할 극장도 찾지 못하다가 1955년 4월 2일 중앙극장에서 어렵게 개봉했으나 상영 나흘 만에 간판을 내렸다.

그 후, 그녀가 한국 최초의 여성 감독이라는 사실마저 망각의 늪 속으로 빠져 들어가던 중 '박남옥'이라는 이름이 수면 위로 다시 떠오른 것은 이 작품이 1997년 제1회 여성영화제의 개막작으로 선정되고 상영된 덕분이다.

이민자 주연의 이 영화가 제작된 지 42년 만에야 비로소 한국 최초 여성 감독의 작품이라는 역사적 사실이 재조명됐으나, 그런 타이틀보다는 1950년대 남성 중심 영화판의 척박한 환경에서 그녀가 악전고투하며 영화를 제작하고 연출한 개척자라는 사실이 더 주목 받아야 할 것이다.

어린아이를 등에 업고 촬영 현장에서 메가폰을 들고 연출하는 박남옥 감독의 사진 한 장은 지금도 우리에게 많은 생각을 하게 한다.

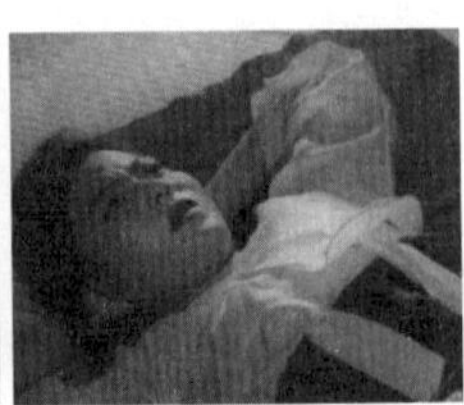

미몽(迷夢)
(1936)

일제강점기에 양주남(梁柱南, 1912~불명) 감독이 연출한 이 영화의 주인공 애순(문예봉)은 한형모 감독의 자유부인(1956)에 등장한 신여성 선영보다 더 파격적이고 도발적이다.

가정주부 애순은 신문만 들여다보며 자신을 통제하려는 가부장적인 남편에게 '난 새장에 든 새가 아니니 살림 잘하는 여자와 살라'고 통보하고 짐을 꾸려 집을 나가버린다. 애순은 백화점에서 만난 남자와 호텔에서 함께 지내다가 그가 자신의 말과 달리 부잣집 아들이 아니라는 것을 알게 되고, 게다가 범죄를 계획하고 있음을 알아채고는 그를 경찰에 고발한다. 그리고 극단의 배우(조택원)를 보고 호감을 품었다가 그가 떠났다는 말을 듣고 택시를 타고 역으로 가던 중에 자기 딸인 정이가 그 택시에 치여 병원으로 실려 간다.

당시 해일처럼 밀려오던 소비사회 풍조에 사로잡힌 유부녀의 탈선이 믿기 어려울 정도의 일탈 행위로 전개되는데, 감독은 단순한 카메라 구도를 이용해 애순의 가출, 불륜, 외도, 사라진 모성애 등 가정에 무책임한 여성의 태도를 박진감 있게 그려낸다.

엄마의 가출로 학교생활을 망친 어린 딸 앞에서 손톱만큼의 자책감도 없고, 오로지 자신의 욕망에만 충실한 이기적인 애순이 동거남 방에서 거울을 보며 머리를 만지는 장면은 당대 톱스타인 문예봉의 압도적인 연기로 관객의 가슴에 격한 감정이 일게 했다.

일본인 와케시마 슈지로의 자본으로 경성 촬영소에서 제작된 이 영화는 현존하는 가장 오래된 한국 영화이며 여섯 번째 발성영화다. 발성 작업과 몽타주 편집 기술은 한국 발성영화의 쾌거였다. 이 작품은 새 시대를 열망한 대중이 선호하던 순종적이며 정숙한 여성 캐릭터를 부정하고 서사에 변혁을 일으킨 사회 드라마의 고전이다.

밀고자(1935)

The Informer

45

'인간은 불완전한 존재다. 당장 욕망을 채우기 위해 죄를 짓는다. 그리고 자신이 무슨 짓을 저질렀는지도 모르는 채 세상을 떠난다.' 존 포드 감독은 이런 간단한 플롯을 토대로 이 영화를 만들었다.

1922년 더블린의 안개 자욱한 뒷골목을 배경으로 진행되는 이 영화는 하룻밤에 일어나는 이야기를 다루고 있는데, 흑백 대조가 강렬한 화면에 주인공 지포 놀런(빅터 맥라글렌)이 친구를 밀고할 수밖에 없었던 이유가 하나하나 밝혀지면서 러닝타임 91분 동안 계속되는 빅터 맥라글렌의 연기가 관객을 사로잡는다.

지포 놀런이 친구를 밀고한 동기가 자신이 사랑하는 창녀 케이티 메이든 때문인지, 아니면 두 사람이 갈망하는 미국행으로 인한 문제인지를 존 포드 감독은 주인공 지포 놀런의 거친 행동양식을 통해 관객들에게 호소한다.

영화음악도 수려할 뿐 아니라, 리암 오플래허티의 원작을 충실히 각색한 시나리오가 탁월한 이 영화는, 사랑하는 연인과 돈을 탐해 친구를 배신하는 우매한 남자의 감정 변화가 매우 섬세하게 드러나는 작품이다.

존 포드 감독은 이 작품으로 1936년 처음으로 오스카 감독상을 받았고, 주연배우 빅터 맥라글렌과 작곡가 맥스 스타이너, 시나리오 작가 더들리 니컬스도 각각 오스카상을 받았다. 이 영화로 빅터 맥라글렌은 후배인 앤서니 퀸의 연기에 영향을 주었고, 존 포드 감독 역시 구로사와 아키라 감독이 연출 세계를 확립하는 데 영향을 주었다.

바다의 정복자

(1942)

Black Swan

헨리 킹(Henry King, 1886~1982) 감독의 이 영화는 카리브 해를 배경으로 바다 사나이들의 용기와 사랑, 우정을 그린 해적 액션물의 고전이다.

해적 출신인 헨리 모건(라이어드 크레가)은 영국 왕령에 따라 자메이카 총독으로 부임하면서 수하인 제이미 와링 선장(타이론 파워)의 도움을 받아 카리브 해에 법과 질서를 세우려고 한다. 하지만 거침 없고 용맹스러운 제이미가 귀족의 딸 마거릿 덴비(모린 오하라)에게 마음을 빼앗기면서 영화는 제이미와 마거릿 사이의 사랑 이야기로 흘러간다. 타이론 파워의 남성미와 열렬한 구애를 뿌리치는 모린 오하라의 여성미가 관객의 시선을 사로잡는다.

한편, 헨리 모건에게 반기를 들고 도망친 빌리 리치 선장(조지 샌더스)에게 거짓 동맹을 시도하다 들킨 제이미가 불꽃 튀는 검술 대결을 벌이는 클라이맥스, 정의로운 제이미에게 반해 마거릿이 결국 마음을 여는 라스트 신이 특히 인상적이다.

커크 더글러스 주연의 율리시즈(Ulysses, 1953)의 시나리오를 썼던 극작가 벤 헥트가 각색한 이 영화는 헨리 모건이 자메이카의 총독으로 부임되어 돌아오는 이야기로 시작되는데, 헨리 모건의 수하로 나오는 타이론 파워와 전 총독의 딸로 등장하는 모린 오하라의 티격대는 로맨스가 이 영화의 감상 포인트이다.

젊은 날의 앤서니 퀸이 빌리 리치 선장의 부하 워간 역을 맡았고 이 영화의 원제 '검은 백조(Black Swan)'는 빌리 리치 선장의 배 이름이다. 라파엘 사바티니의 원작을 각색한 이 영화는 1943년 아카데미 영화제에서 촬영상을 받았으며, 국내에서는 1956년 5월 18일 수도극장에서 개봉했다.

47

반항(1947)

Brute Force

폴 뉴먼의 탈옥(Cool Hand Luke, 1967, 개봉 제목 폭력탈옥)을 비롯해 앨런 파커(Alan Parker, 1944~) 감독의 미드나이트 익스프레스(Midnight Express, 1978), 팀 로빈스 주연의 쇼생크 탈출(The Shawshank Redemption, 1994) 하면 생각나는 소재가 바로 탈옥이다. 시대를 막론하고 수많은 탈옥 영화가 나왔지만, 줄스 대신 감독이 연출한 이 영화가 아마도 국내에 처음 소개된 탈옥 영화일 것이다.

교도관장 먼시(흄 크로닌)의 폭정에 항거해 자유를 찾아 탈옥을 시도하는 콜린의 집념이 관객의 공감을 끌어내고, 윌리엄 H. 대니얼스의 카메라가 포착한 흑백 영상은 그림처럼 황홀하다. 특히, 교도관장 먼시와 적대 관계에 있는 콜린 역의 버트 랭커스터는 당시 신인임에도 안정적이고 폭발적인 연기를 선보이고, 동료 죄수 갤러 역의 찰스 빅포드의 연기 또한 대단하다. 같은 방에서 함께 지냈던 동료 죄수 프랭크의 억울한 죽음, 암으로 죽어가는 애인에 관한 소식, 교도소장보다 더 악랄한 교도관장의 횡포에 못 이겨 탈옥하는 죄수 콜린의 이야기가 이 영화의 중심을 이룬다.

인간의 욕망과 자유를 향한 의지가 1시간 38분 동안 팽팽한 긴장을 자아내는 이 탈옥 영화는 지금 봐도 흥미진진하고, 마지막 장면의 반전 효과도 짜릿하다. 리처드 브룩스의 짜임새 있는 시나리오와 미크로스 로자의 드라마틱한 영화음악이 잘 어울리는 이 영화는 1958년 9월 26일 세기극장에서 개봉했다.

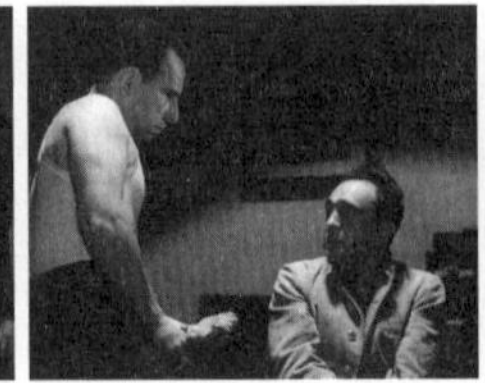

48

밤을 즐겁게

(1959)

Pillow Talk

마이클 고든(Michael Gordon, 1909~1993) 감독의 이 영화는 록 허드슨과 도리스 데이라는 톱스타 콤비의 첫 번째 로맨틱 코미디로 국내에서도 인기가 대단했다. 이 영화가 세계적인 선풍을 일으키자 델버트 만(Delbert Mann, 1920~2007) 감독은 록 허드슨과 도리스 데이 콤비를 등장시켜 연인이여 돌아오라(Lover Come Back, 1961)를 연출했는데 이 영화도 국내에서 큰 인기를 끌었다.

전화선을 나눠 쓰는 작곡가 브래드 앨런(록 허드슨)과 실내 장식가 잰 머로(도리스 데이)가 처음에는 서로 좋지 않은 감정을 품고 티격태격하다가 점차 상대를 알아가며 좋아하게 된다는 좌충우돌 러브 스토리가 재미 있는 이 영화는 지금 봐도 유쾌해지는 매력적인 작품이다. 마이클 고든 감독은 신분을 감추고 잰에게 접근하는 브래드의 능청스러운 연기와 전화

목소리 주인공을 다른 사람으로 착각하고 브래드를 은근히 좋아하는 잰의 사랑스러운 모습을 화면의 분할 편집을 통해 보여주는데, 이 점이 영화를 더욱 흥미롭게 해주는 포인트다. 페이턴 리드(Peyton Reed, 1964~) 감독은 바로 이런 소재를 빌려 2003년 르네 젤위거와 이완 맥그리거 주연의 로맨틱 코미디 다운 위드 러브(Down with Love)를 연출했다.

이 영화는 1961년 3월 25일 광화문의 아카데미 극장에서 개봉했으며 1974년 8월과 1977년 8월에는 당시 TBC-TV 주말극장에서 방영됐다.

밥(1951)

めし

49

이 영화는 하야시 후미코의 미완 소설을 각색한 여성 영화의 고전으로 나루세 미키오 감독은 이 작품에서 오사카에 사는 평범한 부부 미치요와 오카모토의 잔잔한 일상을 통해 '부부의 권태'라는 문제에 주목한다.

미치요(하라 세추코)와 오카모토(우에하라 켄)는 오사카에 사는 부부다. 결혼한 지 5년이 됐지만, 아직 자녀가 없어 고양이를 기르며 사는 두 사람은 점차 상대에게 권태를 느끼기 시작한다. 오카모토는 작은 회사에서 근무하는 증권중개인이고, 미치요는 자질구레한 집안일을 하며 하루하루를 보낸다. 그러던 중 오카모토의 조카인 사토코가 도쿄에서 갑자기 찾아와 함께 지내게 되면서 갈등이 증폭된다. 조카를 대하는 남편의 태도에 감정이 몹시 상한 미치요는 짐을 싸서 도쿄에 있는 친정으로 가지만, 전후 어려운 환경에서 아등바등 살아가는 도쿄 사람들에게 남편과 다투고 친정에 온 미치요는 좋은 인상을 주지 못한다. 결국 그녀는 도쿄에서 아무것도 도모하지 못한 채 오사카 남편 집으로 돌아간다.

나루세 미키오 감독은 권태로운 미치요 부부의 결혼 생활과 일탈을 정적인 화면 설계로 그려내는데, 하스노스케 역을 맡은 우에하라 켄의 무미건조한 연기도 좋지만 잠시 이성에 대해 호감을 느껴 방황하다가 다시 가정으로 돌아오는 미치요 역을 맡은 하라 세쓰코의 심리 연기가 정말 섬세하다. 미조구치 겐지 영화의 여성 캐릭터보다 능동적이며, 영화 자체도 우리 부모 세대의 역사를 보는 듯해서 무척 감동적이다.

1967년 63세의 나이로 세상을 떠난 나루세 미키오 감독은 1920년 15살 때 쇼치쿠 영화사에 들어가 10년 동안 일한 뒤 1930년 20분 길이의 단편 찬바라 부부를 연출하며 감독으로 데뷔했는데, 1934년에 이미 부부간의 갈등을 주제로 한 아내여 장미처럼을 발표했다.

50 백인 추장(1952)

Lo Sceicco Bianco

페데리코 펠리니 감독의 연출 데뷔작인 이 영화는 사랑의 환상을 그린 이탈리아 고전이다. 펠리니 감독은 이 영화에서 로마로 신혼여행을 온 이반(레오폴도 트리에스테)과 완다 카발리(브루넬라 보보)라는 순진한 부부를 등장시켜 인간이 꿈꾸는 마법 같은 사랑이란 허상일 뿐이며 현실만큼 아름다운 것이 없다고 역설한다.

신부 완다는 어느 사진집에 백인 추장으로 분장하고 나온 무명 배우 페르난도 리볼리(알베르토 소르디)를 좋아해 팬레터를 써서 들고 그를 찾아 나선다. 그러다가 바닷가 촬영장에서 배우들과 함께 섞여 우연히 동행하게 된 완다가 리볼리의 유혹에 넘어가 잠시 단꿈에 빠져 있는 동안 이반은 마중 나온 친척들을 속이고 아내를 찾아 헤맨다.

왔다는 한껏 꿈에 부풀어 동경해 마지않던 백인 추장 리볼리가 사실은 덩치 큰 아내에게 주눅이 들어 꼼짝 못 하고 살아가는 비루한 남자임을 알고 나서야 정신을 차려 남편에게 미안함을 느끼고 자살을 시도하지만, 실패로 끝난다.

줄거리는 가벼운 상황극이지만, 당시 이탈리아 사회의 가부장적 분위기와 여성의 불안정한 심리는 물론 도시인의 현실 도피 욕구 등을 낭만적이면서도 독특하고 코믹하게 연출한 이 작품으로 페데리코 펠리니 감독은 네오리얼리즘 영화의 기수로 부상했다.

이 영화는 펠리니 감독의 달콤한 인생(La Dolce Vita, 1961)이나 8과 2분의 1(8 1/2, 1963)처럼 자신의 새로운 개혁적인 영화 세계를 펼치기 이전의 네오리얼리즘 영화로, 길(La Strada, 1954)이나 카비리아의 밤의 연장선상에 있는 이탈리아 영화의 고전이다.

51

백장미의 수기
(1948)

Letter from an Unknown Woman

"그대가 이 편지를 읽고 있을 즈음이면 나는 이미 이 세상 사람이 아닐 것입니다." 인사말이 이렇게 의미심장한 편지로 시작되는 막스 오퓔스(Max Ophüls, 1902~1957) 감독의 이 영화는 비극적인 자살로 삶을 마감한 독일 문학계의 거장 슈테판 츠바이크의 원작 소설을 하워드 코치가 각색한 멜로드라마의 고전이다.

20세기 초 오스트리아 빈에서 거주하는 중년 피아니스트 스테판 브랜드(루이 주르당)는 사귀던 여자의 남편에게서 결투 신청을 받고 몸을 피하려던 긴박한 순간에 하인이 전해준 '모르는 여인의 편지'를 읽게 된다. 거기에는 평생 자신을 사랑한 어느 여인의 애절한 사연이 담겨 있다. 그렇게 영화는 과거의 시점으로 돌아가고 가슴 저미는 사랑의 이야기를 펼쳐 놓는다.

스테판은 자신도 한때 사랑했던 '리사 번들(조안 폰테인)'이라는 여인을 기억하고, 짧았던 일생을 자기 주변에서 서성이며 심지어 자기 아이까지 낳았던 그녀의 삶을 더듬는다. 오퓔스 감독은 리사의 마지막 편지를 읽으면서 수치심과 죄책감으로 오열하는 스티븐의 회한을 섬세하게 연출한다. 프란츠 플래너의 정교한 카메라 워크로 표현된 흑백 영상뿐 아니라 리사의 인생을 수십 년에 걸쳐 플래시백으로 그려내는 막스 오퓔스 감독의 미장센은 가히 독보적이다.

리사는 두 사람이 처음 만난 날 밤 스테판이 준 흰 장미 한 송이를 잊지 못해 매년 그의 생일에 익명으로 흰 장미를 보내지만, 그는 그 꽃을 누가 보냈는지 끝내 알지 못한다. 이런 사연에 주목해 우리나라에서 이 영화를 개봉할 때 '백장미의 수기'라는 제목을 붙였겠지만, 원제가 '모르는 여인의 편지'인 이 영화는 1956년 11월 13일 자유극장에서 개봉했다. 1969년에는 김응천(金應天, 1935~2001) 감독이 김진규, 문희를 주연으로 리메이크한 적이 있고, 2004년에는 중국 감독 서정뢰(徐靜蕾, 1974~)가 리메이크했다.

베를린 스파이 52

(1966)

Funeral in Berlin

---

007 골드 핑거(Goldfinger, 1964)와 007 죽느냐 사느냐(Live And Let Die, 1973)로 유명한 가이 해밀턴(Guy Hamilton, 1922~) 감독의 이 영화는 렌 데이턴의 원작을 각색한 1960년대식 첩보 스릴러의 고전이다. 이 작품은 제작 규모나 제작비에서 007 시리즈와 비교할 수 없지만, 영국 스파이 해리 파머 역의 마이클 케인이 독창적인 연기를 펼쳐 제임스 본드와는 또 다른 첩보원 캐릭터를 선보인다.

상부 지시에 따라 해리 파머는 동베를린으로 잠입하여 KGB의 스탁 대령(오스카 호몰카)을 망명시키는 임무를 맡는다. 하지만 위조 여권을 가지고 베를린에 도착하자 체포돼 어디론가 끌려간다. 그를 기다리는 사람은 바로 스탁 대령이다. 의심받지 않으려고 그렇게 파머를 접선한 스탁 대령은 망명 의사를 전달하고 조건을 내세우면서 탈출 계획을 위해 크루츠만과 작업하기를 원한다. 그때 마치 우연인 것처럼 사만다 스틸이 파머에게 접근하고 파머는 그녀의 유혹에 빠지면서도 사만다의 정체를 파악하려고 한다. 그리고 계획대로 장례식을 가장하여 서 베를린으로 스탁 대령을 탈출시킨다. 이 장면은 특히 긴장감이 넘치며 접선과 배신, 유혹과 살인으로 점철된 줄거리에 영국과 이스라엘 첩보부의 음모가 개입하면서, 이지적이고 냉철한 영국 스파이 해리 파머의 활약이 빛난다.

국제 첩보국(The Ipcress File, 1965), **10억 달러짜리 두뇌**(Billion Dollar Brain, 1967)와 더불어 작가 렌 디턴의 해리 파머 3부작 중 두 번째 작품인 이 영화는 1960년대 007 시리즈와 함께 첩보 영화의 대명사가 됐으며 마이클 케인은 해리 파머 3부작 전체에서 주인공 해리 파머 역을 맡았다.

병사의 시

(1959)

Ballada O Soldate

그리고리 추크라이(Grigoriy Chukhray, 1921~2001) 감독이 연출한 이 작품은 러시아 병사의 휴가 이야기를 담은 잔잔한 로드 무비다.

영화가 시작되면 끝없이 펼쳐진 보리밭 길 어귀에서 아들을 기다리는 어머니의 모습이 보인다. 하지만 내레이션은 열아홉 살 아들 알료사(블라디미르 이바소프)가 이미 죽었다고 말한다. 알료사는 나치의 전차를 파괴한 공을 세워 5일간의 휴가를 얻어 고향 집으로 돌아와 어머니를 만나고 지붕을 고치기로 했다. 하지만 이런저런 사연이 많아 귀향이 늦어진다. 전선에서 어떤 병사가 고향에 있는 아내에게 전해달라는 비누를 전달하고, 심각한 부상 때문에 고향에 돌아가기를 망설이는 병사가 아내를 만나게 도와주며, 화물열차에 몰래 탄 소녀 슈라(자나 프로코렌코)를 만나 사랑을 나눈다.

추크라이 감독은 포화가 난무하는 전장보다 군인과 그 가족의 삶을 통해 전쟁의 참상을 그린다. 다리 하나를 잃어 아내에게 돌아가지 않으려는 상이군인도, 전장에 나간 남편 몰래 외간 남자와 정을 통하는 여인도 전쟁이 만들어낸 인간 군상이다. 그러나 폭격을 맞은 기차에서 아이들을 구하는 알료사가 전쟁 영웅으로 그려지는 장면은 당시 이 영화를 제작한 구소련의 프로파간다라는 인상을 지울 수 없다. 그래도 알료사가 화물차에서 만난 소녀 슈라와 기약 없이 헤어지는 장면이나 홀어머니(안토니나 막시모바)와 작별하는 마지막 장면은 이 영화를 진부한 전쟁 드라마의 틀에서 벗어나게 하면서 관객에게 먹먹한 슬픔을 안긴다.

미국에서도 같은 제목(Ballad of a Soldier)으로 상영된 이 작품은 공산권 영화로 취급돼 국내에서 한동안 개봉하지 못했으나 당시 미국 아카데미 영화제와 칸 국제영화제에 노미네이트되면서 세계적으로 작품성을 인정받았고, 1960년 샌프란시스코 국제영화제에서는 최우수 감독상과 최우수 작품상을 받았다.

54

북 호텔(1938)

Hôtel du Nord

마르셀 카르네 감독이 연출한 이 매혹적인 프랑스 영화는 북 호텔에서 자살 소동을 벌인 르네라는 한 여자를 향한 한 남자 에드몽의 비극적인 사랑을 그렸다.

첫눈에 반한 사랑은 목숨마저 버릴 수 있을 만큼 운명적으로 다가올까? 너무나 사랑해서 동반 자살을 하려는 젊은 연인 르네(아나벨라)와 피에르(장 피에르 오몽)가 어느 날 파리 동북부 생 마르탱 운하 옆 조그만 호텔 16호에 투숙하고, 피에르는 권총으로 르네에게 상처를 입히고 달아난다. 그리고 이 사건을 목격한 옆방의 중년 남자 에드몽(루이 주베)은 한눈에 르네에게 반한다. 상처 받은 르네는 호텔 주인의 배려로 종업원으로 일하게 되고, 에드몽과의 감정 전개가 재미를 더한다.

마르셀 카르네 감독은 외젠 다비의 다소 어두운 원작을 매우 밝고 경쾌하게 이끌어 가는 한편, 염세적인 캐릭터들의 동선도 특유의 시적 리얼리즘으로 해석하는데, 루이 주베의 개성적인 연기는 카사블랑카(Casablanca, 1942)의 험프리 보가트를 연상시킨다. 또한, 르네와 피에르의 로맨스가 인상적인 이 영화에서 미술감독 트루네의 세트 디자인은 그림처럼 아름답다.

1958년 12월 18일 대한극장에서 개봉한 이 영화의 주연 장 피에르 오몽은 황야는 통곡한다(Uomo l'orgoglio la vendetta, 1968)에 프랑코 네로와 함께 출연한 여배우 티나 오몽의 친아버지이기도 하다.

(쿠퍼의) 분과 노 (1958)

Man of the West

앤서니 만(Anthony Mann, 1906~1967) 감독은 이 독특한 웨스턴에서 기존의 서부 총잡이 유형과는 전혀 다른 주인공을 등장시켜 일종의 장르 파괴를 시도한다. 주인공 링크 존스(게리 쿠퍼)는 서부영화 사상 초유의 캐릭터라고 할 만큼 반영웅적인 인물로 열차의 기적 소리에도 깜짝 놀라고, 상대와의 대결에서도 답답할 정도로 나약한 모습을 보인다. 이처럼 앤서니 만 감독은 클린트 이스트우드(Clint Eastwood, 1930~)의 용서받지 못한 자(Unforgiven, 1992)의 주인공보다도 더 독창적인 캐릭터를 창조했다.

링크 존스는 한때 잘나가던 총잡이였다. 그는 마을 학교에서 아이들을 가르칠 선생을 데려오려고 주민들이 모은 돈을 호송하기로 하고 열차를 탄다. 목재와 물을 실으려고 잠시 정차한 사이 열차는 무장 강도의 습격을 받는다. 겨우 목숨을 구한 그는 승객 빌리(줄리 런던)와 샘(아서 오코

넬)을 데리고 어느 외딴 집으로 피신하는데, 열차를 습격했던 토빈(리 J. 콥) 일당과 마주친다. 링크 존스는 자신의 의지와 무관하게 한때 몸담았던 폭력의 세계로 들어선 순간, 완전히 떠났다고 믿었던 어두운 과거와 다시 맞닥뜨리고, 기차에서 만난 아름다운 클럽 가수 빌리와의 로맨스는 물거품이 돼버린다.

장 뤽 고다르(Jean-Luc Godard, 1930~)가 '올해의 영화'로 선택하면서 '웨스턴의 재발명'이라고 격찬했으며 1950년대 할리우드 웨스턴 장르를 부활시킨 이 격조 있는 작품은 앤서니 만 감독이 마지막으로 연출한 대표적인 서부극이다.

원제가 '서부의 사나이'인 이 작품은 1960년 11월 5일 을지극장에서 '쿠퍼의 분과 노'라는 제목으로 개봉했다.

분노의 날

(1943)

Vredens Dag

칼 테오도르 드레이어(Carl Theodor Dreyer, 1889~1968) 감독의 이 영화는 폐쇄된 마을에서 자행되는 마녀사냥을 소재로 종교적인 이기심과 인간의 사악한 본성을 풍자한다.

인간의 욕망이 지나치면 늘 불행이 찾아온다. 젊은 아내 안나와 사는 늙은 목사 압살론에게 전처의 장성한 아들 마틴이 찾아오면서 그때까지 조용하던 집안이 술렁이고 안나가 마틴을 유혹하면서 애정 없던 목사 부부 사이에 금이 가기 시작한다.
영화는 마녀사냥이 성행하던 17세기 노르웨이를 배경으로 하는데, 이런 있을 수 없는 사랑 때문에 일어나는 인간의 종교적인 편협을 다룬다.

누명을 쓴 채 마녀로 몰려 거짓 고백한 뒤 화형 당하는 노파가 죽기 직전형을 집행하는 이기적인 압살론 목사에게 독설을 퍼붓는 장면은 의미심장하며 시사하는 바가 크다.

이 영화는 무성영화 잔 다르크의 수난(La passion de Jeanne d'Arc, 1928)으로 유명한 칼 테오도르 드레이어 감독이 작품을 10년 넘게 만들지 못하다가 나치 독일이 지배하던 고국에서 완성한 고전으로, 종교색이 짙은 사회 드라마다.

57

비는 행운을 싣고(1956)

The Rainmaker

조지프 앤서니(Joseph Anthony, 1912~1993) 감독이 연출한 이 사랑스러운 로맨스 무비는 개봉 당시 마흔아홉 살이었던 캐서린 헵번과 여섯 살 연하인 버트 랭커스터가 멋진 콤비 연기를 펼쳐 화제가 된 작품이다.

한 남자와의 사랑만 바라던 노처녀 리지 커리(캐서린 헵번)가 집에 우연히 들른 떠돌이 사기꾼 스타벅스(버트 랭커스터)에게 프러포즈를 받으면서 사랑에 눈떠가는 과정이 그녀를 아끼는 아버지와 두 남자 형제의 일화와 함께 펼쳐진다. 이야기 자체는 단조롭지만 배우들 연기가 힘을 발휘하고 캐서린 헵번의 연기 변신 또한 이 영화의 관람 포인트이며 버트 랭커스터가 기적처럼 비를 내린 라스트 신도 감성적이다.

사실 이 영화는 1950년대에 발표한 버트 랭커스터의 일련의 출연작들, 진

홍의 도적(The Crimson Pirate, 1952), 지상에서 영원으로(From Here to Eternity, 1953), 베라 크루스(Vera Cruz, 1954), 성공의 달콤한 향기(Sweet Smell of Success, 1957), 애수의 여로(Seperate Tables, 1958)처럼 주제가 탄탄한 작품은 아니다. 마치 1955년 다니엘 만(Daniel Mann, 1912~1991)이 연출하고 안나 마냐니와 출연한 장미 문신(The Rose Tattoo)처럼 부담 없이 즐길 수 있는 멜로 드라마다.

1958년 8월 7일 단성사에서 개봉한 이 로맨스 고전은 웨스턴의 틀을 빌려와 동화 같은 홈드라마를 보여주고 있고, 오스카에 노미네이트된 알렉스 노스의 음악도 이 영화를 빛낸다.

58

비무장지대

(1965)

박상호 감독이 제작 연출한 이 영화는 세계 최초로 휴전선 비무장지대 DMZ에서 촬영된, 분단의 아픔이 담긴 세미다큐멘터리 영화다.

르네 클레망(René Clément, 1913~1996) 감독의 금지된 장난(Jeux interdits, 1952) 같은 정서가 묻어나는 이 영화의 주인공은 한국전쟁의 와중에 부모를 잃은 MP 복장의 소년(이영관)과 깡통을 든 소녀(주민아)로, 둘은 군사분계선에서 우연히 만나 친해지면서 어머니를 찾아간다.

박상호 감독은 천진난만한 전쟁고아 영아의 시선을 통해 잡초가 우거진 채 전쟁의 상흔이 남은 DMZ, 괴물처럼 멈춰 선 철마, 폭격을 맞아 부서진 야포와 전차, 폐허가 된 콘크리트 건물에 나뒹구는 병사들 해골을 카메라에 담아 전쟁의 비극을 표현한다. 소녀가 식량을 찾으러 간 소년과 헤어졌다가 극적으로 재회하는 장면, 소녀를 돌보던 소년이 북쪽으로 가는 간첩의 칼에 찔려 죽는 장면, 소녀를 따라다니던 염소가 지뢰를 밟아 터지는 라스트 신은 특히 강렬하다.

1965년 12월 9일 아카데미 극장에서 개봉하던 당시 러닝타임이 92분이었지만 현재 DVD로 출시된 버전은 오리지널 필름이 행방불명돼 국가기록원이 소장하던 아시아 영화제 영어자막 본을 복사한 것으로 러닝타임이 62분에 불과하다. 이 영화는 1966년 아시아 영화제 비극영화 부문 작품상, 제4회 청룡영화상 비극영화 작품상, 흑백 촬영상(안윤혁), 아역 특별상(주민아)을 받았다.

박상호 감독은 연극배우 박정자의 친오빠이며 1950년대 초 극단 신협에서 연극배우로 활동하다가 신상옥(申相玉, 1925~2006) 감독의 영화 꿈(1955)에 조연출로 입문한 뒤 김근자 주연의 멜로드라마 해정(1956)으로 데뷔했다.

59 비텔로니(1953)

I Vitelloni

페데리코 펠리니 감독의 이 영화는 바람기 많은 젊은 남자 파우스토와 예쁘고 착한 아내 산드라 부부를 중심으로 하릴없이 빈둥대는 파우스토와 동네 친구들의 일상을 그린 네오리얼리즘의 고전이다.

이탈리아 '리미니'라는 작은 마을에 사는 파우스토와 친구들은 직업도 없이 빈둥거리며 술집에서 잡담이나 늘어놓는 건달들로, 그들의 꿈은 그저 돈을 헤프게 쓰며 사치스럽게 사는 것이다. 그들이 사는 세상은 1950~60년대 전후 사회를 반영하듯 특별할 것도 없지만, 펠리니 감독은 특유의 단아한 화면 구도와 니노 로타의 정감 어린 음악을 빌려 파우스토의 단조로운 일화를 해학적이고도 낭만적으로 풀어낸다.

파우스토가 아내와 함께 간 영화관이나 여름맞이 축제에서 외간 여자를 유혹하는 등의 일화는 작품에 풍자성을 부여하며, 파우스토 역을 맡은 프랑코 파브리치와 그의 처남이자 친구인 모랄도 역을 맡은 프랑코 인테르렝기의 연기는 특히 탁월하다.

방황하는 이탈리아 청춘들의 다양한 군상을 그린 이 영화에는 여자를 임신시키고 소동을 벌이는 악동과 대본 한 번 쓰지 못하고 아무것도 이루지 못하는 풋내기 예술가, 엄마 곁을 떠나지 못하는 마마보이 같은 캐릭터들이 펠리니 감독 자신의 자화상처럼 등장한다.

한국의 전통적이며 가부장적인 사회 분위기와 그리 멀지 않아 오히려 친숙하게 느껴지는 이 성장 영화는 1953년 베니스 국제영화제에서 은사자상을 받았다.

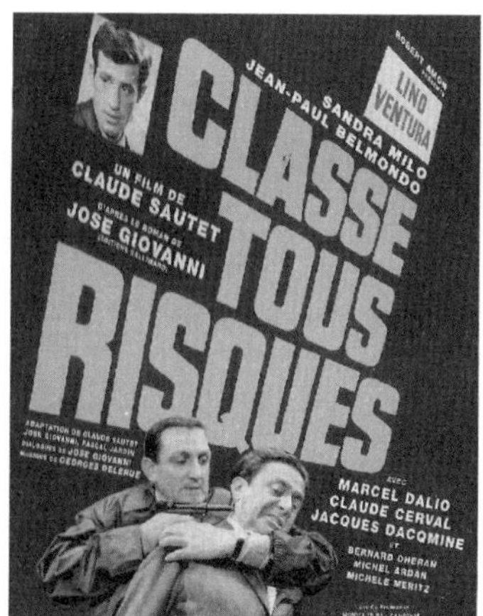

빅 리스크(1960) 60

Classe tous risques

이 범죄 스릴러는 클로드 소테(Claude Sautet, 1924~2000) 감독의 연출 데뷔작으로, 목숨을 건 어느 범죄자의 모험을 탄탄한 플롯으로 그려냈다.

막대한 현상금이 걸려 있는 암흑가 보스 아벨(리노 벤추라)은 10년 가까이 이탈리아 밀라노에서 숨어 지내던 중 경찰 포위망이 좁혀오자 아내와 아이들을 데리고 밀라노를 탈출하여 파리로 잠입하지만, 그 과정에서 아내를 잃는다.

영화가 초반부를 지나면 감독은 위기에 처한 아벨과 새 보디가드 에릭의 만남과 우정, 그리고 둘 사이 의리를 부각하면서 긴장감을 고조시킨다. 에릭 역을 맡은 장 폴 벨몽도는 당시 알랭 들롱과 함께 1960~70년대 프랑스 영화를 이끌어가는 차세대 연기자로 떠오른다.

이 흑백영화는 실화를 바탕으로 파리 암흑가의 음모와 배신, 복수를 그린 스릴러로, 동시대 장 피에르 멜빌의 장르 영화와는 차별되며, 암흑가 보스의 액션보다 인간으로서의 범죄자의 일상에 초점을 맞췄다는 점에서 드라마 구조가 탄탄하다는 평을 받았다. 또한, 묵직한 연기로 많은 팬을 확보한 리노 벤추라의 존재감이 돋보이는 고전이기도 하다.

소테 감독은 후에 1992년 금지된 사랑(Un coeur en hiver, 1992)으로 베니스 영화제에서 은사자상을 받은 바 있다.

이 영화의 원작 시나리오를 쓴 호세 지오바니는 알랭 들롱을 주연으로 한 1970년대 범죄 3부작 암흑가의 두 사람(1973)과 르 지땅(Le Gitan, 1975), 부메랑(Boomerang, 1976)을 연출했다.

산쇼다유(1954)

山椒大夫

61

일본의 유명 설화를 각색한 미조구치 겐지 감독의 이 작품은 인간의 가치와 권리, 관용이라는 철학적이고 도덕적인 주제를 다룬 고전이다.

난민을 돕느라 조정의 명령을 어긴 관리 히라마사가 유배되자, 젊은 아내와 어린 자식들은 처절한 고통을 겪게 된다. 아내는 홍등가에 팔리고 남매 주시오와 안주는 호족 출신 산쇼다유의 수용소로 팔려가 중노동을 하게 된다. 10년 뒤에 안주가 엄마를 찾기 위해 주시오를 탈출시키면서 증거를 없애려고 물속으로 뛰어들어 자결하는 장면은 처연하다.

인신매매가 횡행하던 봉건주의 헤이안 시대를 배경으로 한 이 작품은 부모 자식 간의 애절한 가족애를 그리는 한편, 노예해방에 관련된 인권 문제를 정면으로 다룬 사회성 짙은 걸작이다.

특히 초반부에서 히라마사가 유배를 떠나기 전, 어린 주시오에게 남긴 "동정심 없는 사람은 인간이 아니다. 너 자신을 위해 강해져라."라는 말은 이 영화를 관통하는 주제다. 훗날 주시오가 지방 관리가 돼 산쇼다유의 수용소에 갇혀 있던 노예를 모두 해방하는 후반부에서 타인에게 관용을 베풀라는 철학적·도덕적 메시지가 현실로 드러난다.

보통의 일상사를 관조적인 시선으로 그렸던 오즈 야스지로 감독과는 다르게 좀 더 감정적으로 호소력 있는 인간세계를 그려냈던 미조구치 겐지 감독의 이 영화는 일본의 역사 속에서 부유하는 서민들의 인생 유전을 극적으로 다룬 매우 미학적인 작품이다.

형식미가 돋보이는 이 영화는 개봉 당시 프랑스 『카이에 뒤 시네마(Cahier du cinéma)』 비평가들의 전폭적인 지지를 받아 1954년 베니스 국제영화제에서 은사자상을 받았다.

62

산하는 요원하다(1948)

The Search

프레드 진네만(Fred Zinnemann, 1907~1997) 감독의 이 영화는 제2차 세계 대전이 끝난 뒤 독일 수용소에서 살아남은 체코인 말릭 부인(야르밀라 노보트나)이 어린 아들 카렐(이반 얀들)을 찾아가는 여정과 카렐이 자신을 돕는 미군 스티브(몽고메리 클리프트)와 나누는 우정을 감동적으로 그려 낸 휴먼 드라마의 고전이다.

아우슈비츠 수용소 시절, 독일군에 대한 공포로 실어증에 걸린 체코 소년 카렐이 다시 기억난 엄마를 찾으려고 공장 밖으로 쏟아져 나오는 직공들을 안타깝게 바라보는 장면과 극적으로 엄마와 해후하는 라스트 신은 매우 감동적이다.

이 영화로 데뷔한 몽고메리 클리프트는 심성이 착하고 다정한 미군 스티브 역을 훌륭히 소화하면서 실어증에 걸린 심약한 소년 카렐을 '지미'라고 부르며 영어를 가르치고 소통하고, 소년을 통해 전쟁의 상흔과 가족을 잃은 아픔이 어떤 것인지를 설득력 있게 보여준다.

한국전쟁이 끝나고 이 영화가 뒤늦게 국내 수입돼 개봉했을 때, 종전 후 파괴된 체코의 도시를 보면서 객석의 관객들은 전쟁의 또 다른 피해자가 어린아이들이라고 여겼을 것이다. 내용은 다르지만 롤랑 조페(Roland Joffe, 1945~)의 킬링 필드(The Killing Fields, 1984)의 이미지가 떠오르는 이 영화는 제작된 지 10년이 지나서야 수입돼 1958년 12월 19일 퇴계로 4가 세기극장에서 개봉했다.

살인의 낙인(烙印) (1967)

Branded to Kill

스즈키 세이준(鈴木清順, 1923~) 감독이 연출한 이 영화는 전통적인 방식에서 벗어나 연출자가 자신의 의도를 자유롭게 표현했다는 점에서 혁신적이며 진보적인 컬트 영화다. 작품의 파격성을 인정할 수 없었던 제작사 니카츠사(日活社)가 감독을 해고하는 바람에 그는 당시 일본의 젊은 영화인과 영화학도 들은 물론, '스즈키 세이준 감독 살리기' 공동투쟁위원회의 도움으로 법정 투쟁하는 사회적 이슈의 주인공이 됐다.

조직의 넘버3 킬러인 하나다가 자신보다 서열이 높은 넘버2와 넘버1을 차례로 처치하고 스스로 조직의 보스가 된다는 단순한 줄거리의 영화지만, 감독은 폐쇄적인 공간에서 하나다의 아내와 미녀 미사코(앤 마리) 사이에 벌어지는 지극히 비현실적인 사건들을 통해 킬러의 심리를 매우 독창적으로 카메라에 담았다.

오시마 나기사(大島渚, 1932~2013) 감독과 함께 일본의 B급 영화 시대를 연 스즈키 세이준 감독의 이 기괴한 실험 영화는 세계적으로 '스즈키 세이준 마니아'를 형성했으며 오우삼 감독이나 쿠엔틴 타란티노 감독은 물론, 짐 자무시(Jim Jarmusch, 1953~) 감독에게도 많은 영향을 끼쳤다. 짐 자무시는 영화 고스트 독(Ghost Dog: The Way of the Samurai, 1999)에서 살인 청부를 받은 사내를 세면대 배수관으로 살해하는 장면을 참고했다.

야수의 청춘(野獣の青春, 1963)에 이어 주인공 하나다 고로 역을 또다시 맡은 시시도 조는 특유의 하드보일드 액션을 선보였으며, 서구적 미모의 앤 마리가 하나다를 사랑하는 불운의 미녀 미사코 역을 맡아 열연했다. 스즈키 세이준 감독은 이 영화를 스스로 리메이크한 **피스톨 오페라**(ピストルオペラ, 2001)를 베니스 국제영화제 특별 상영작으로 출품해 화제를 모으기도 했다.

성공의 달콤한 향기(1957) 64

Sweet Smell of Success

러닝타임 96분의 이 흑백영화는 가진 자와 그에게 기생하는 자의 관계를 그린 알렉산더 매켄드릭(Alexander Mackendrick, 1912~1993) 감독 작품으로 필름 누아르의 걸작이다.

미국 개봉 당시 이 작품은 수십 년째 가십 칼럼니스트로 이름을 날린 월터 윈첼을 노골적으로 묘사했다는 비난도 받았지만, 막강한 권력을 휘두르는 뉴욕 브로드웨이 가십 칼럼니스트 J. J. 헌세커와 아첨꾼 에이전트 시드니 팔코의 캐릭터는 오랜 세월이 흐른 지금도 생생하고 현실적이다.

말쑥한 외모의 토니 커티스가 시드니 팔코 역을 맡아 명연기를 보인 덕분에 오늘날 모든 홍보 담당자에게도 적용될 만큼 상황이 사실적으로 다가오고, 그를 지배하는 칼럼니스트 J. J. 헌세커 역을 맡은 버트 랭커스터의 권위적이고 냉철한 연기 또한 압도적이다.

알렉산더 매켄드릭 감독은 J. J. 헌세커와 시드니 팔코의 비열한 역학 관계에 수전 헌세커(수전 해리슨)와 스티브 달라스(마틴 밀너)의 순수한 사랑을 개입시킴으로써 관객에게 참된 인간성의 의미를 묻는다. 수전 헌세커가 비정한 오빠 J. J. 헌세커를 버리고 사랑하는 스티브 달라스 곁으로 떠나는 라스트 신은 매수된 경찰관 해리 켈로에게 폭행 당하는 시드니 팔코의 모습과 대비되면서 여운을 남기는 명장면이다.

제작된 지 60년이나 됐지만, 이 영화의 배경이 되는 뉴욕의 쇼 비즈니스 세계에서 절대적 권력을 과시하는 칼럼니스트 버트 랭커스터의 이미지는 이병헌이 주연한 2015년 내부자들에서 한국 여론을 쥐락펴락하는 일간지 논설 주간 백윤식의 캐릭터와 오버랩된다.

솔저 블루

(1970)

Soldier blue

랄프 넬슨(Ralph Nelson, 1916~1987) 감독이 연출한 이 영화는 당시 국제적인 화두였던 반전 문제를 매우 폭력적으로 거침 없이 다뤘다는 점에서 국지적 분쟁과 잔인한 보복이 끊이지 않는 오늘날에도 흔히 언급되는 작품이다.

천막촌에서 평화롭게 사는 무방비 상태의 인디언들을 공격해 남녀노소를 막론하고 무참하게 살육하는 북군 기병대의 잔혹성을 충격적인 영상을 통해 고발하면서, 감독은 특히 인디언 아이들 목을 장검으로 자르고, 부녀자를 강간하고, 창끝에 인디언 머리를 꽂아 승리를 외치는 라스트 신에서 관객들의 엄청난 분노를 불러일으켰다.

그러나 이런 폭력적 상황에서도 북군 기병대의 만행을 저지하고자 항명하다가 체포되는 장교 호너스(피터 스트라우스)가 인디언과 가족처럼 지내던 백인 여자 크레스타(캔디스 버겐)를 만나 둘 사이에 순수한 로맨스가 펼쳐지기도 한다.

1850년에 일어난 실화를 각색한 이 영화의 잔인한 스토리는 미국 개봉 당시 보수적인 닉슨 행정부를 자극하여 메이저 배급사들의 도움을 받지 못하고 흥행에도 실패했지만 나중에 그 주제에 관한 재평가를 받았다.

할리우드 서부영화의 고전은 대체로 미국의 역사적 상황과 인물을 통해 시대 배경을 드러내지만, 이 영화는 1960년대 말 미국 사회에서 이슈가 됐던 인종차별 문제와 반전사상이 배경으로 작용했던 작품이다. 우리나라에서는 잔인한 장면들을 삭제한 상태로 1971년 5월 29일 피카디리 극장에서 이 영화가 '솔저 블루'라는 제목으로 개봉했고, 버피 세인트 마리가 부른 동명의 주제가는 1970년대 국내 음악 방송의 애청곡이 됐다.

수호지(1972)

快活林

장철(張徹, 1923~2002) 감독의 이 영화는 양산박 108두령 중 한 사람인 무송의 이야기를 다룬다.

호랑이를 맨손으로 때려잡아 유명해진 무송(적룡)은 형 무대를 독살한 형수 반금련과 서문경을 살해한 뒤 자수해 유배 길에 오른다. 무송은 비록 죄인이지만, 한때 보병도두(步兵都頭: 포도대장)였기에 어디를 가더라도 백성에게는 의인으로 덕망이 높았다. 특히, '쾌활림'이라는 마을에서 악행을 저지르는 장충 일당을 혼내주러 가는 시퀀스에서 볼 수 있듯이 많은 백성이 무송을 열렬하게 환영한다.

악당 장충의 배후에는 탐관오리들이 있는데, 무송이 혈혈단신으로 많은 적과 대결하는 후반부에서 장철 감독만의 비장미가 고스란히 드러난다.

왕우에 이어 장철 감독의 새로운 페르소나로 등장한 적룡은 왕우의 카리스마에 밀리는 듯했지만, 1970년대 초반 이후 초원(楚原, 1934~) 감독의 무협 영화 여러 편에 참여하면서 쇼브라더스의 간판스타로 떠올랐다. 1980년대 초반에 슬럼프에 빠진 적도 있으나 홍콩 누아르의 불씨를 당긴 오우삼 감독의 '영웅본색 시리즈'로 화려하게 재기했다.

제작 당시 골든 하베스트의 간판 배우 이소룡을 견제하기 위해 쇼브라더스가 기획한 이 영화는 장철 감독의 '수호전 3부작' 중 국내에서 유일하게 개봉한 작품으로 강대위가 주연한 수호전(1972)과 비교해서 감상하는 재미도 쏠쏠하다.

이 영화는 1973년 3월 28일 충무로 명보극장에서 개봉했다.

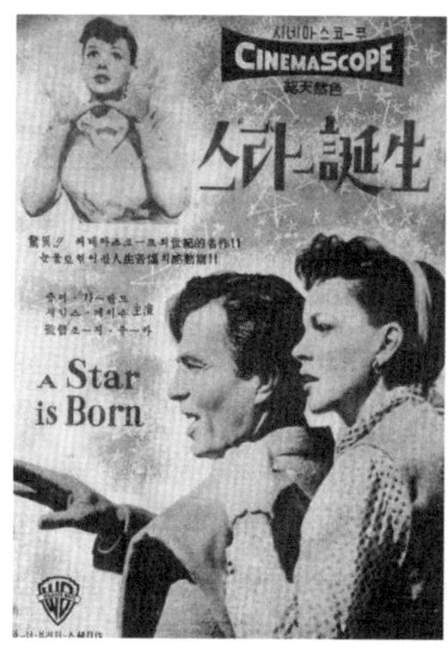

스타 탄생(1954)

A Star is Born

조지 쿠커(George Cukor, 1899~1983) 감독의 이 영화는 아내의 출세를 위해 헌신하다 세상을 뜨는 어느 배우의 슬픈 사랑을 그린 뮤지컬 멜로드라마의 고전이다. 이 작품은 1937년 자네트 게이너와 프레드릭 마치의 주연으로 이미 첫선을 보인 윌리엄 웰먼(William A. Wellman, 1896~1975) 감독의 작품보다 낫다는 평가를 받았는데, 주연을 맡은 주디 갤런드와 제임스 메이슨의 탁월한 연기력에 힘입어 1950년대 뮤지컬 장르의 새로운 틀을 세웠다.

할리우드의 인기 스타 노먼 메인(제임스 메이슨)이 무명 여배우 에스더 블로젯(주디 갤런드)에게 마음을 빼앗겨 결혼하고, 그녀가 스타덤에 오르기까지 물심양면으로 돕는다는 이 신데렐라 스토리는 주디 갤런드의 독보적인 노래를 들을 수 있다는 점만으로도 매력적이며, 노먼 메인이 아카데미 시상식장에서 술주정하는 후반부는 올드팬의 기억에 깊이 새겨져 있다.

주디 갤런드가 부르는 해럴드 앨런과 레이 하인도르프의 곡 중에서 'The Man That Got Away'와 'Born in a Trunk'는 지금도 애청되는 곡으로 이 영화에 나오는 그녀의 노래들은 1950년대 낭만주의 시대 영화음악의 극치라고 하겠다.

이 영화는 1955년 10월 당시 을지로 4가 국도극장에서 개봉했다. 1976년에는 바브라 스트라이샌드와 크리스 크리스토퍼슨이 주연한 프랭크 피어슨(Frank Pierson, 1925~2012) 감독의 록 버전으로 리메이크돼 큰 인기를 끌기도 했다.

쎈소(1954)

Senso

68

루키노 비스콘티 감독의 이 영화는 젊은 장교를 상대로 사랑의 열병을 앓다가 배신당하는 백작 부인의 이야기를 그린 로맨스 무비다.

사랑했던 남자가 야비하게 배신한다면, 여자의 마음은 어떤 상태가 될까? 그것도 남자가 다른 여자를 사랑하게 됐기 때문이 아니라 애초에 여자의 재물을 탐내고 의도적으로 접근했다가 여자를 배신했다면? 그때 여자가 받는 충격은 말로 표현할 수 없을 것이다. 거짓 사랑으로 여자를 농락한 남자는 결국 단죄받는 법이다.

1866년 오스트리아에 점령당해 어수선한 가운데 이탈리아 베네치아의 셀피에리 백작 부인 리디아(알리다 발리)는 베르디의 오페라가 흐르는 극장에서 주둔군 오스트리아 장교인 프란츠 말러 중위(팔리 그레인저)를 만나 사랑에 빠진다. 해일처럼 밀려드는 사랑 앞에 속수무책인 리디아 역을 맡은 이탈리아 출신 배우 알리다 발리는 열정적인 연기를 펼치고, 영화에 흐르는 안톤 브룩크너의 협주곡은 비극적인 사랑을 암시한다.

이 영화에서 프란츠 말러 중위 역을 연기한 팔리 그레인저는 앨프리드 히치콕 감독의 스릴러 로프와 열차 안의 낯선 자들(Straingers on a Train, 1951)(개봉 제목 의혹의 전망차)에서 잘 알려진 미남 배우로, 한때 동성애에 빠져들어 연출자 로버트 칼혼과 45년 동안 동거생활을 했다.

이 영화는 1961년 11월 8일 초동극장 개봉 당시 '센소'라는 제목으로 상영됐고, 마틴 스콜세지(Martin Scorsese, 1942~)가 연출하고 미셸 파이퍼가 주연한 순수의 시대(The Age of Innocence, 1993)에 영감을 주었다. 알리다 발리는 캐럴 리드(Carol Reed, 1906~1976) 감독의 제3의 사나이(The Third Man, 1949)에서 안나 슈미트 역을 맡기도 했으며 2006년 4월 22일 84세로 세상을 떠났다.

69

아가씨와 건달들

(1955)

Guys And Dolls

지금도 브로드웨이 무대에 곧잘 오르는 이 고전은 조지프 맨키비츠(Joseph L. Mankiewicz, 1909~1993) 감독이 연출한 뮤지컬 영화이다.

뉴욕의 도박사 스카이 매스터슨(말런 브랜도)은 친구 네이선 데트로이트(프랭크 시나트라)와 내기해 선교사 사라 브라운(진 시몬즈)을 유혹해 하바나에서 밤을 보내려고 한다.

이 영화는 두 명의 도박사 스카이와 네이선을 중심으로 펼쳐지는 러브스토리로, 특히 고지식한 여자 선교사 진 시몬즈를 유혹하는 도박사 말런 브랜도의 낭만적인 춤과 음악에 포커스를 맞춘다.

도박에 빠져 결혼은 뒷전인 궁색한 도박사 네이선과 14년째 사귀고 있는 삼류 클럽 가수 아델레이드 역을 맡은 비비앤 블레인의 노래, 프랭크 로에서가 작곡한 동명 주제가와 'If I Were a Bell' 등 주옥같은 노래 19곡이 화려한 춤과 함께 펼쳐진다.

탁월한 연기 덕분에 이 영화로 1956년 골든글로브 여우주연상을 받은 진 시몬즈는 말년에 폐암으로 고생하다 2010년 1월 23일 여든한 살의 나이로 사망했다.

가장 낭만적인 시대에 제작된 이 고전은 1960년 1월 9일 광화문 아카데미 극장에서 개봉해 당시 전쟁의 상흔과 정치적 혼란을 겪던 한국인의 마음을 달랬다.

아듀 라미(1968)

Adieu l'ami

70

프랑스와 이탈리아 합작으로 제작된 장 에르망(Jean Herman, 1933~2015) 감독의 이 버디 무비는 경찰에 끌려가는 프란즈 프롭(찰스 브론슨)에게 무표정하게 담뱃불을 붙여주던 디노 바랑(알랭 들롱)의 모습이 기억에 남은 추억의 영화로, 당시 찰스 브론슨의 유럽 진출작이자 실질적인 출세작이다.

알제리 전쟁에서 돌아온 군의관 디노 바랑은 친구의 애인이었던 이자벨의 꾐에 빠져 광고 회사 지하실에 있는 금고를 털기로 하고 제대 뒤에 그를 따라다니던 동료 프롭과 함께 금고를 열지만, 돈이 없는 것을 발견하고는 싸움을 벌이다가 금고가 있는 방에 갇히고 만다.

이 영화는 이자벨과 병원장의 딸이 만든 음모에 빠져 지하실에 갇히게 된 두 남자 바랑과 프롭의 우정과 의리를 그린 휴먼 드라마로 개성이 다른 두 캐릭터가 서로 동화되어가는 과정이 매우 흥미롭다.

사나이들의 멋진 의리를 보여줬던 라스트 신이 무척 인상적이었던 이 영화는 당시 프랑스 최고의 미남 배우로 우수에 찬 매력이 수많은 여성 팬을 사로잡았던 알랭 들롱과 미국에서 가장 남성미 넘치는 배우로 인기를 누렸던 찰스 브론슨이 출연해 화제가 됐다. 여기서 마초 남성상을 연기한 찰스 브론슨은 르네 클레망 감독의 **방문객**(Le passage de la pluie, 1970)(DVD 출시 제목 **빗속의 방문객**)에 출연한 뒤 10여 년간 액션 배우로서 전성기를 누리기도 했다.

1969년 1월 11일 명동 입구 중앙극장에서 개봉한 이 영화는 알랭 들롱과 찰스 브론슨 신드롬을 일으키며 큰 인기를 끌었다.

71

아라베스크(1966)

Arabesque

1960년대에 007 제임스 본드 시리즈가 세계적으로 성공하자, 0011 나폴레옹 솔로 시리즈, 장 마레 주연의 팡토마 시리즈, 핑크 펜더 시리즈 등 아류작들이 대거 제작돼 국내에 소개됐다. 오드리 헵번과 캐리 그랜트가 주연한 샤레이드(Charade, 1963)의 후속 첩보 스릴러물로 스탠리 도넌(Stanley Donen, 1924~) 감독이 제작 연출하고 그레고리 펙과 소피아 로렌이 출연한 이 작품도 1968년 국내 개봉 당시 인기가 대단했다.

옥스퍼드 대학에서 고대어를 가르치는 교수 데이비드 폴락(그레고리 펙)은 중동의 재력가 네심 베시라비(앨런 바델)를 염탐하던 어느 날 그의 연인 야스민(소피아 로렌)을 만나고, 두 사람은 아라베스크 상형문자가 적힌 비밀 쪽지를 두고 흥미진진한 액션을 펼친다. 특히 베시라비의 부하인 무스타파와 등장하는 수족관 시퀀스를 비롯해 폴락 교수가 야스민과 함께 중동의 정치가 핫산 예나(칼 두에링)를 구출해 말을 타고 탈출하는 장면은 압권으로 헨리 맨시니의 긴장감 넘치는 영화음악이 큰 역할을 했다.

스탠리 도넌 감독이 누아르풍으로 치밀하게 설계해 연출한 장면은 당시로써는 독보적이었는데, 지방시와 더불어 영화 패션의 돌풍을 일으킨 크리스천 디올이 소피아 로렌의 의상을 맡아 화제가 되기도 했다.

이 영화는 1968년 10월 9일 서울의 피카디리 극장과 부산의 동명극장에서 개봉해 그레고리 펙의 노련한 연기와 소피아 로렌의 육감적인 매력에 힘입어 흥행에 성공했다.

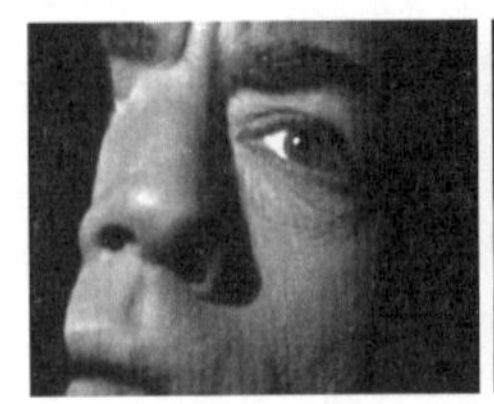

아랑곡의 혈투 72

(1970)

娥狼谷

홍콩의 쇼브라더스가 제작한 정창화(鄭昌和, 1928~) 감독의 이 영화는 로레의 대표적인 무협 3부작인 철수무정(鐵手無情, 1969)과 철인(죽음의 다섯 손가락)(天下第一拳, 1972)과 함께 국내에 비교적 잘 알려져 있는 작품이다.

명나라 중엽, 간신 가스도가 정권을 장악할 목적으로 어린 황제를 이용해 한림원 학사 송환을 감금하는데, 바로 그 충신의 목숨을 구할 면사철권을 둘러싼 이야기가 펼쳐진다. 스잔나(珊珊, 1967)로 유명한 여배우 리칭이 송환의 딸 지예로 등장하고 그 가족을 돕는 의협 유여령 역을 로레(라열)가 맡아 멋진 검술 연기를 선보인다.

노래하는 모녀를 뒤쫓는 근위대장 고(왕협)와 그림자처럼 따르며 목숨을 지켜주는 유여령이 펼치는 치열한 객잔 신과 묘지에서 벌이는 마지막 결투 신은 지금 봐도 묘한 향수를 불러일으킨다.

하지만 당시 이 영화가 자국의 영화를 의무적으로 상영하도록 하는 스크린 쿼터제 때문에 한홍 합작영화로 둔갑해 국내 수입됐는데 원 제목은 아랑곡으로 한국 영화팬들에게 로레의 존재를 알린 홍콩 무협의 고전이라 하겠다.

당시 장철과 호금전(胡金銓, 1931~1997)의 위세에 눌리지 않고 이 영화를 연출한 한국의 정창화 감독은 1972년 로레를 다시 등장시킨 전격 무협영화 철인으로 국제적인 명성을 얻었다.

1970년 10월 8일 충무로 스카라 극장에서 개봉한 이 영화는 쿠엔틴 타란티노 등 여러 미국 감독에게 많은 영향을 끼치면서 수많은 컬트 팬을 양산했다.

73 아파트 열쇠를 빌려 줍니다 (1960)

The Apartment

빌리 와일더(Billy Wilder, 1906~2002) 감독이 제작 연출한 이 영화는 대형 보험회사 샐러리맨의 애환과 사랑을 다룬 블랙 코미디의 고전이다.

C. C. 백스터(잭 레먼)는 자신의 월세 아파트를 회사 임원들에게 불륜의 장소로 빌려주고 봉급 인상과 승진을 보장 받는다. 빌리 와일더 감독의 전작 뜨거운 것이 좋아(Some Like It Hot, 1959)에서 맡았던 경박하고 수다스러운 대프니 역과 달리 이 영화에서 잭 레먼은 찰리 채플린처럼 서민적이고도 비극적인 연기를 펼치며 엘리베이터 걸 큐벨릭 프랜(셜리 맥클레인)의 진실한 사랑을 얻으려고 애쓰는 인내심도 보여준다.

특히 라스트 신에서 사랑을 고백하는 C. C. 백스터에게 던지는 큐벨릭 프랜의 명대사 "입 닥치고 카드나 돌려요!"는 놀랄 만큼 미묘하고 섬세하다. 당시로써는 새롭고 이상적인 스토리 라인이었기에 시트콤이 아닌 진중한 성인용 멜로드라마로 자리매김할 수 있었다.

1950년대에 어둡고 진지한 필름 누아르 영화를 연출해온 폴랜드 출신의 빌리 와일더 감독은 그저 가볍게 웃어 넘기는 코미디가 아닌 1960년대 미국 자본주의 사회를 꼬집는 문제의식을 저변에 깐 해피엔딩의 재미있는 로맨스 코미디를 이끌어냈다.

이 영화는 1962년 2월 3일 광화문 아카데미 극장에서 개봉했다.

악의 화원(1954) 74

Garden of Evil

헨리 해서웨이 감독이 연출한 이 영화는 할리우드 서부극의 고전이다. '악의 화원'이라고 불리던 협곡 인디언 지역에서 펼쳐지는 액션은 존 포드의 웨스턴처럼 현란하지 않지만, 주인공 후커(게리 쿠퍼) 일행이 인디언들과 계곡에서 벌이는 라스트 신은 올드팬들에게 영웅주의를 느끼게 한다.

미모의 여인 리아(수전 헤이워드)가 남편을 구하는 조건으로 제시한 거액의 사례금 때문에 시작된 전직 보안관 후커와 도박사 피스크(리처드 위드마크), 젊은 총잡이 테일러(카메론 미첼)의 목숨을 건 여정이 시작되는데, 대형 시네마스코프 스크린에 펼쳐지던 네바다 주의 황량한 평원과 웅대한 계곡의 자연은 에필로그 장면의 붉은 노을만큼이나 낭만적이다.

사라진 리아의 남편을 찾기 위해 모여든 세 명의 총잡이 후커와 피스크, 테일러가 보이는 근사한 액션은 좋았지만 왠지 모르게 다소 작위적인 느낌이 들기도 한다.

세 명의 톱스타 게리 쿠퍼, 수전 헤이워드, 리처드 위드마크의 출연만으로도 개봉 당시 화제가 된 이 정통 서부극은 1950년대를 장식한 아날로그적 로맨티시즘이 지금도 깊은 감흥을 안겨주며, 사라져가는 고전 영화에 관한 감성을 일깨운다.

국내에서는 '가든 오브 이블'이라는 제목으로도 유명하며, 후커 역의 게리 쿠퍼보다 떠돌이 도박사 피스크를 연기한 리처드 위드마크의 매력이 돋보인다. 1956년 1월 22일 을지로 4가 국도극장에서 개봉했다.

75

암사슴(1968)

Les Biches

클로드 샤브롤(Claude Chabrol, 1930~2010) 감독이 연출한 이 감각적인 드라마는 두 여자의 애증과 탐욕, 질투를 다룬 심리 스릴러의 고전이다. 가진 자가 가지지 못한 자를 지배하면서 집착하는 자본주의 체제에서 현대인의 욕망은 결국 파국을 부르는데, 이 영화에서 샤브롤 감독 특유의 서스펜스는 인간의 성 정체성을 정면으로 부각한다.

부유한 여자 프레데릭이 거리의 무명 여류 화가 와이를 유혹해 곁에 두려는 심리가 조지프 로지(Joseph Losey, 1909~1984) 감독의 하인(The Servant, 1963)을 연상시키며 가지지 못한 자의 분노가 어디까지 가는지 샤브롤 감독은 열린 결말로 제시한다.

다소 혼란스러운 스토리로 진행되는 이 영화에서 돈 많은 여자 프레데릭

이 가난한 여자 화가 와이를 동정하여 자신의 별장에 초대하는데 그곳에서 와이는 프레데릭이 잘 아는 건축가 폴에게 사랑을 느낀다. 이에 프레데릭은 자극을 받고 와이는 두 사람 모두에게 집착하면서 상처 받는다.

당시 감독의 아내인 스테파니 오드랑이 프레데릭 역을, 표정 연기가 탁월한 자클린 사사드가 와이 역을, 남과 여로 유명한 장 루이 트랑티냥이 두 여자 사이에서 갈등하는 건축가 폴 역을 맡았다.

스테파니 오드랑과 자클린 사사드의 동성애 연기는 매우 에로틱한 반면, 확연히 드러나지 않는 두 여배우의 동성애가 당시로써는 파격적인 소재인 만큼 퀴어 시네마를 보는 듯한 느낌마저 준다.

타인의 삶을 점점 동경하고 사랑의 소유욕에 불타던 와이가 라스트 신에서 느닷없이 프레데릭을 살해해 궁금증을 자아내는데, 바로 이 지점이 이 영화의 감상 포인트라 하겠다.

76

애련

(1956)

Des gens sans importance

아버지 같은 남자를 선택해 사랑하는 젊은 여자의 운명은 가혹하다. 앙리 베르뉘유(Henri Verneuil, 1920~2002) 감독이 연출한 이 로맨스 무비는 장거리 운전을 하는 나이 든 트럭 운전사와 국도의 외딴 휴게소 모텔에서 일하는 젊은 여급과의 쓸쓸한 사랑을 그린다.

촬영 당시 스물다섯 살이었던 프랑수아즈 아르눌이 연기한 클로틸드 브라셰는 홀어머니가 연하남과 동거하게 되자 집을 나와 일자리를 찾아다니다 정착한 '카라반'이라는 모텔에서 장거리 트럭 운전수 장 비아를 만나 사랑에 빠진다.

삼 남매의 아버지이자 유부남인 장은 일 때문에 자주 집을 비운 탓에 가족의 정을 느끼지 못하다가 클로틸드를 만나 서로 사랑하게 됐지만 잠정적으로 일자리를 잃고, 장의 아이를 가진 클로틸드도 다른 직장 여주인에게 속아 임신중절 수술을 받는다.

베르뉘유 감독은 이 이루어질 수 없는 사랑 이야기를 밀레의 그림처럼 쓸쓸하고 척박한 흑백 영상으로 담아낸다. 당시 쉰두 살이었던 장 가방은 어린 연인을 지키지 못하는 장년 남자의 내면을 섬세하게 연기해, 힘겹고 고달픈 시대에 사는 가진 것 없는 사람들의 외로운 삶을 잘 표현했다.

이 영화는 1958년 7월 18일 대한극장에서 상영돼 당시 전쟁 후유증에 시달리던 수많은 영화팬에게 위안을 준 멜로드라마의 고전이다.

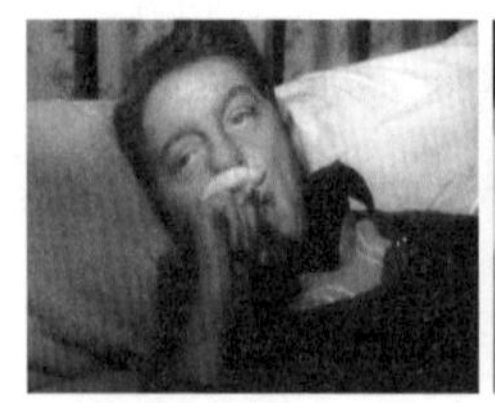

77

애수의 여로
(1958)

Separate Tables

존 게이의 희곡을 각색하고 델버트 만 감독이 연출한 이 영화에서는 이혼한 지 5년 만에 재결합하는 존 맬컴(버트 랭커스터)과 앤(리타 헤이워즈)의 이야기와 극장에서 성추행범으로 지목된 퇴역 장교 폴락 소령(데이비드 니븐)을 좋아하는 노처녀 시빌(데보라 카)의 이야기가 동시에 전개되면서 성, 가정 폭력, 이혼 등 보통 사람들이 살아가면서 부딪힐 수 있는 문제들을 탄탄한 구성으로 그려낸다.

이 영화의 배경이 된 영국 본머스 해변의 작은 호텔 보레가드는 연극 세트 같은 분위기를 풍기고, 이곳에서 장기 투숙객들의 이런저런 감동적인 상황이 잔잔하게 그려진다.

빅 다몬의 주제가와 데이비드 락신의 음악이 아름답고, 찰스 랭의 카메라가 명배우들의 연기를 짜임새 있게 잡아내며, 특히 출연 분량이 적은데도 이 영화로 아카데미 남우주연상을 받은 데이비드 니븐과 호텔 운영자 패트 쿠퍼로 등장하여 여우조연상을 받은 웬디 힐러의 연기가 이채롭다.

1950년대 말 영화 제작자로 왕성하게 활동한 버트 랭커스터가 제작한 이 영화는 1960년 12월 22일 종로3가 단성사에서 개봉했는데, 이 영화에 출연한 리타 헤이워즈는 당시 마흔 살이었는데도 무척 아름다운 자태를 뽐냈다. 그녀의 의상은 디자이너 에디트 헤드가 맡았다.

78

애종(1955)

The End of the Affair

에드워드 드미트릭(Edward Dmytryk, 1908~1999) 감독이 연출한 이 영화는 두 연인의 어긋난 인연을 통해 사랑의 진정성을 이지적으로 그려낸 로맨스 무비의 고전이다.

공무원 이야기를 쓰는 작가 모리스 벤드릭스(반 존슨)는 어느 날 초대받은 파티에서 공무원 헨리 마일즈의 아내 사라(데보라 카)를 보자마자 사랑에 빠진다. 유부녀 사라가 모리스의 사랑 앞에서 오랫동안 갈등하는 장면은 종교적이면서도 낭만적인데, 드미트릭 감독이 당시 서른네 살의 데보라 카와 서른아홉 살 반 존슨에게서 노련하고 설득력 있는 연기를 잘 끌어낸 덕분이라 하겠다.

마치 데이비드 린(David Lean, 1908~1991) 감독의 밀회(Brief Encounter, 1945)

를 연상하게 하는 이 작품은 솔직하고 사실적인 사랑의 감정에다 종교적인 색채를 덧칠한 두 연인의 위태로운 로맨스를 담고 있다.

드라큘라 시리즈로 유명한 피터 커싱이 심약한 남편 헨리 역을 맡아 열연했고, 흥신소에서 아들과 함께 일하는 앨버트 파키스 역을 맡은 존 마일즈의 연기도 뛰어났다.

캐럴 리드의 제3의 사나이와 심야의 탈주(Odd Man Out, 1947)로 유명한 작가 그래엄 그린의 원작을 레놀 J. 커피가 각색했으며, 연인들의 이루어질 수 없는 사랑 이야기를 다룬 낭만적인 영화음악 사랑의 테마는 벤자민 프랜켈의 작품으로 여전히 감동적이다.

1956년 10월 2일 수도극장에서 개봉한 이 영화는 당시 톱스타 데보라 카의 인기에 힘입어 국내 영화팬의 많은 사랑을 받았으며, 1999년에는 줄리안 무어, 랄프 파인즈 주연 애수(The End of the Affair)라는 제목으로 리메이크됐다.

79

애천(1954)

Three Coins in the Fountain

장 네글레스코(Jean Negulesco, 1900~1993) 감독의 이 영화는 트레비 분수에 관련된 사랑의 기적을 겪는 미국 여인들 이야기다.

마리아(맥기 맥나마라)는 한 달 뒤에 결혼하러 미국으로 돌아가는 전임자 아니타(진 피터스)의 후임으로 미연방 유통협회장 비서 자리에 임명되어 로마에 도착한다. 이들과 함께 아파트를 나눠 쓰는 노처녀 프랜시스(도로시 맥과이어)는 15년째 로마에서 살고 있는 미국 작가 샤드웰(클리프튼 웹)의 비서로 일한다. 세 여인이 트레비 분수에 갔을 때 마리아는 분수대 앞에서 등을 돌린 채 동전을 던지는데, 소원을 빌면 사랑이 이루어진다는 전설을 믿고, 일 년만 로마에 있게 해달라고 기도한다.

결국, 마리아는 바람둥이 디노 왕자(루이 주르당)를 만나 사랑에 빠지고,

아니타는 젊은 법률인 조지오(로사노 브라지)와 서로 사랑하고 있음을 확인하게 되고, 프랜시스는 작가 샤드웰과 우정 같은 사랑을 확인한다.

로마의 이국적인 풍경을 흑백 영상으로 선보인 윌리엄 와일러의 로마의 휴일(Roman Holiday, 1953)과 달리 이 영화는 화려한 영상으로 로마의 아름다운 분수대 정경을 보여주는데, 1950년대 할리우드 영화로서는 드물게 답답한 스튜디오를 벗어나 해외 현지에서 촬영했다.

사랑하는 남자를 만날 환상에 젖어 사는 순진한 세 여인은 오늘날 관점으로는 의존적인 캐릭터처럼 보이지만, 이 영화가 매우 낭만적이었던 시대에 제작된 러브 스토리라는 점을 고려하면 매우 유쾌하고 발랄하다. 거기에는 아마도 빅터 영의 영화음악과 새미 칸과 줄 스턴의 주제가도 한몫했을 것이다.

1955년 아카데미 주제가상과 촬영상을 받고 1956년 4월 11일 중앙극장에서 개봉한 이 영화는 낭만적인 1950년대를 우편엽서에 예쁘게 담긴 사랑 이야기처럼 상징하는 멜로드라마의 고전이다.

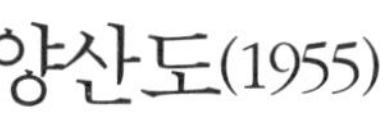

80 양산도(1955)

김기영(金綺泳, 1919~1998) 감독이 연출한 이 시대극은 신분 차별이 심화하고, 사회가 부패한 조선 말기에 두 몸종이 겪는 지고지순한 사랑과 비운의 죽음을 다룬 고전이다.

김 진사의 몸종인 옥랑과 수동은 태중 혼약한 사이지만, 한양에서 돌아온 김 진사의 아들 무령이 옥랑을 겁탈하려 하자, 수동이 이를 제지한다. 무령에게 옥랑을 빼앗긴 수동은 결국 죽음을 맞게 되고, 수동의 어머니와 옥랑도 끝내 목숨을 잃는다.

이 작품은 이처럼 유교적 질서가 강조하는 계급사회의 모순과 도덕적 타락을 신랄하게 비판하면서 사실적이고도 독창적인 연출로 인간의 성과 죽음의 문제를 파헤쳐 리얼리즘 작품 하녀(1960)를 예고한다.

하늘에서 수동이 빛에 싸여 내려와 옥랑과 올라가는 환상적인 장면은 당시 제작 환경을 고려할 때 획기적이지만, 아쉽게도 이 장면은 유실돼 현재 유통되는 DVD에서는 볼 수 없다.

개봉 당시 일부 평론가는 이 작품이 비극성을 제대로 살리지 못한 '악취미의 영화'이고 '국산 영화의 품위를 타락시킨' 불성실한 작품이라고 혹평했다. 진보적인 작가는 당대에 호평받지 못하게 마련이다. 이 고전은 감각적인 촬영 구도와 화면 설계 말고도 농악과 창과 춤 등 전통 요소를 도입한 음향 연출과 과장되고 독특한 연기로 확립된 김기영 스타일의 발판이 됐다. 또한, 한국전쟁 직후 미군이 버린 유통기한 지난 필름으로 완성된 터라 편집이 간간이 튀고 매끄럽지 못해 아쉬움이 남는다.

김기영 감독이 데뷔작 주검의 상자(1955) 다음으로 연출한 이 영화는 전쟁 통에 닫힌 많은 극장을 다시 열게 할 정도로 흥행에 성공했다. 당시 최고의 인기 스타 김삼화가 옥랑 역을, 조용수가 비운의 청년 수동 역을, 박암이 김 진사의 아들 무령 역을 맡았으며 옥랑의 아버지 무쇠로 등장한 김승호는 제작까지 맡아 역량을 발휘했다. 박초월의 판소리가 주제음악으로 삽입된, 러닝타임 90분짜리 이 영화는 1955년 10월 13일 국도극장에서 개봉해 관객 15만 명을 동원했다.

81

어느 시골 사제의 일기(1951)

Journal d'un curé de campagne

거장 로베르 브레송(Robert Bresson, 1901~1999) 감독이 각색 연출한 이 드라마는 신앙에 충실한 어느 시골 사제의 종교적인 내면을 독창적으로 그린 작품이다. 원작은 프랑스의 대표적 가톨릭 작가 조르주 베르나노스의 소설로, 그는 이 작품으로 아카데미 프랑세즈 대상을 받았다.

내용은 간단하다. 서품을 받고 시골 성당에 처음 부임한 젊은 신부(클로드 라이두)가 자신의 생활을 일기로 적으며 신앙의 번민과 갈등, 교구 사람들과의 대화 등을 진솔하게 이야기한 것이며, 위암으로 죽을 때까지 짧은 삶을 그린 것이다.

신부는 마을 유지인 백작의 가족을 차례로 만나 대화하면서 백작은 가정교사와 내연 관계였고, 백작부인은 오래전에 어린 아들을 잃고 여전히 슬픔에서 벗어나지 못하고 신을 부정하며, 백작의 딸은 가정교사를 증오하고 심지어 살의를 품고 있다는 사실을 알게 된다. 젊은 신부는 이처럼 절망으로 흔들리는 인간들의 영혼이 구원을 얻기를 절실하게 기원한다.

젊은 신부 역을 연기한 벨기에 출신의 배우 클로드 라이두는 시나리오와 음악 스태프로도 활동했으며 1954년 훈족의 왕 아틸라의 야망을 그린 이탈리아 영화 침략자(Attila)에서는 심약한 로마의 마지막 황제 발렌티니아노를 맡아 열연했다.

로베르 브레송 감독은 철저한 기승전결 내러티브 구조보다는 주인공 사제의 1인칭 시점으로 내면적인 사실주의를 전개하면서 당시로써는 파격적인 연출 형식을 정립했고, 루이 말(Louis Malle, 1932~1995), 안드레이 타르코프스키(Andrey Tarkovskiy, 1932~1986), 폴 슈레이더, 마틴 스콜세지, 홍상수 등에게 영향을 끼쳤다.

82 얼굴 없는 눈 (1960)

Les yeux sans visage

조르주 프랑주(Georges Franju, 1912~1987) 감독이 연출한 러닝타임 90분의 이 영화는 선혈이 낭자하고 신체가 절단되는 엽기 행각보다 내면 심리가 강조된 프랑스 호러의 고전이다.

얼굴이 흉측한 딸 크리스티앙(에디트 스코브)에게 아름다운 피부를 이식해주려고 살인을 서슴지 않는 유명한 외과의사 제네시에의 빗나간 부정을 그린 이 작품에는 필름 누아르풍 미장센을 바탕으로 시적 감성을 일으키는 독특한 공포 분위기가 서려 있다.

클로드 소테 감독이 쓴 탄탄한 구조의 시나리오와 제네시에 박사 역을 맡은 피에르 부라소의 연기도 좋지만, 살인 행각을 돕는 비서 루이스로 등장한 이탈리아 출신 배우 알리다 밸리의 노련한 연기가 이 영화에 빠져들게 하는 특별한 요소다.

납치한 젊은 여자의 피부를 벗겨 딸에게 이식하는 수술 장면과 수술에 실패하자 크리스티앙이 푹 꺼진 눈으로 루이스에게 죽여달라고 애원하는 장면, 마취에서 깨어난 여자는 살려주고 루이스를 죽인 뒤 개들을 풀어 아버지를 물어뜯게 하는 라스트 신에서는 숨 막힐 듯한 광기와 자기 파괴적 공포가 드러난다.

1961년 6월 2일 을지극장에서 개봉한 이 영화는 테시가하라 히로시(勅使河原宏, 1927~2001) 감독의 타인의 얼굴(他人の顔, 1966)과 존 프랑켄하이머 감독의 세컨드(Seconds, 1966), 알레한드로 아메나바르(Alejandro Amenábar, 1972~) 감독의 오픈 유어 아이즈(Abre Los Ojos, 1997) 등의 작품에 영향을 끼쳤다.

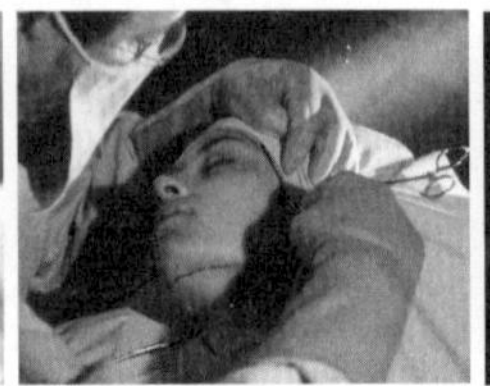

에밀 졸라의 생애 (1937) 83

The Life of Emile Zola

윌리엄 디털리(William Dieterle, 1893~1972) 감독은 에밀 졸라의 일생을 그린 이 전기 영화에서 특히 누명을 쓴 프랑스군 드레퓌스 대위 편에 서서 인권 운동을 벌이는 졸라의 사회 정의 회복을 위한 노력에 초점을 맞추고, 그가 부패한 군부와 사회적 편견에 맞서 싸우는 과정을 차근차근 그려낸다. 특히, 시종일관 화면을 떠받치는 맥스 스타이너의 음악이 인상적이다.

1936년 프랑스의 생화학자 루이 파스퇴르의 일생을 담은 전기 영화 과학자의 길(The Story of Louis Pasteur, 1936)이 큰 성공을 거두자, 이 영화의 제작을 맡은 헨리 블래크와 연출을 맡았던 디털리 감독, 그리고 파스퇴르 역으로 아카데미 남우주연상을 받은 폴 무니가 다시 모여 이 영화 에밀 졸라의 생애를 만들었다.

영화가 시작되면 파리의 허름한 다락방에서 가난하게 살고 있는 졸라(폴 무니)와 단짝 친구 폴 세잔(블라디미르 소콜로프)이 성공을 꿈꾸며 서로 격려하는 모습이 보인다. 이처럼 영화의 초반은 졸라가 가난과 검찰의 검열에 맞서 싸우면서 창녀의 이야기를 다룬 소설 나나로 성공하는 과정을 보여주고, 사회 정의에 눈뜬 그가 12년간 프랑스 사회를 양분했던 드레퓌스 사건에 온몸을 던져 투쟁하는 모습을 감동적으로 그린다.

평소 스타보다는 배우가 되고 싶었던 폴 무니는 1930년대 에드워드 G. 로빈슨, 제임스 카그니, 조지 래프트와 더불어 할리우드 갱스터 누아르의 시대를 열었다.

이 영화는 1937년 아카데미 작품상을 받으면서 세계영화 100년 사상 영향력 있는 고전으로 자리 잡은 작품으로 진실과 정의를 향한 인간의 노력을 그린 감동적인 드라마다.

84

엠(1931)

M

프리츠 랑 감독의 이 영화는 영화사상 최초의 유성영화 심리 스릴러지만, 무성영화의 특징을 그대로 갖추고 있다. 대사는 지극히 간단하고, 배우들은 무성영화 시대 과장된 제스처로 연기한다. 게다가 주인공이라고 부를 만한 인물도 없다. 이 영화에서 가장 중요한 캐릭터인 연쇄살인범 한스 베케르트(피터 로레)가 등장하는 신은 전체의 절반도 되지 않으며 연쇄살인범 영화이면서도 살인 장면은 한 번도 나오지 않는다.

여자아이만 죽이는 연쇄 살인자 때문에 베를린 전역이 긴장하고, 자녀를 둔 부모들은 겁에 질려 어쩔 줄 모른다. 초조해진 시 당국은 경찰에 조사를 촉구하지만, 여덟 번째 아이가 희생될 때까지 경찰은 단서조차 찾지 못한다. 결국 경찰이 온 도시를 이 잡듯이 조사하자, 사업에 막대한 지장을 받은 어느 대형 범죄 조직은 스스로 범인을 잡기로 하고, 남의 눈에 띄

지 않고 미행할 수 있는 걸인 조직을 동원한다. 결국, 범인을 찾아낸 맹인 걸인은 그의 등에 'M'이라는 글자로 표시하고 범죄 조직원들은 그를 잡아 즉석 재판을 연다. 브레히트의 연극 서푼짜리 오페라를 연상시키는 대목이다. 감독은 여기서 당시 군중 심리를 자극하며 세력을 확대해가던 나치의 광기와 미쳐가던 독일 사회에 경고장을 던진 듯하다. 결국, 뒤늦게 도착한 경찰이 살인범에 대한 단죄를 저지하는데, 이처럼 이 영화는 사형제도에 관해 논쟁을 불러일으켜 화제가 되기도 했다.

특히 살인범 역을 맡아 불안에 흔들리는 눈빛으로 인상적인 연기를 보인 피터 로레는 1933년 미국으로 망명한 다음 로저 코먼(Roger Corman, 1926~)의 B급 공포물에 출연하기도 했으며 특히 험프리 보가트와 인연을 맺으면서 그가 주연한 영화에 조연으로 자주 출연했다.

유럽 개봉 당시 흥행한 이 작품은 나치가 정권을 잡자, 독일에서 상영이 금지됐고 프리츠 랑은 미국으로 망명했다. 또한 이 영화 후반부에 진행되는 즉석 재판 시퀀스는 박찬욱 감독의 영화 친절한 금자씨(2005)에 많은 영향을 끼쳤다.

여걸 흑나비

(1968)

女俠 黑蝴蝶

보주(초교)는 늘 복면 뒤에 정체를 숨기고 졸부들 재산을 털어 빈민을 돕는 의적 흑나비이다. 그녀의 아버지 관오야(전풍)에게 무술을 배운 사랑(악화)은 도찰원 관리로서 보주가 흑나비인 것도 모르고 좋아한다.

날이 갈수록 흑나비를 잡으려 모두 혈안이 되나 흑나비는 신출귀몰할 뿐이고 그녀의 아버지는 흑나비의 활약 때문에 곤경에 처한다. 마을에 위협이 되는 비적의 만행을 막으려 비적의 소굴로 들어간 관오야가 위기에 몰리자, 결국 보주는 흑나비 차림으로 뒤쫓아 아버지를 구해낸다.

의적 홍길동을 연상시키는 캐릭터 때문에 국내 개봉 당시 인기가 대단했으며 '외팔이 시리즈'에서 왕우 부인으로 등장한 초교(차오차오)의 멋진 검술에 많은 남성 팬이 매료됐다.

이미 방랑의 결투(大醉俠, 1966)나 심야의 결투(金燕子, 1968)에서 쌍칼 무협 액션을 선보였던 여배우 정패패를 연상하게 하는 초교의 검술 연기는 도찰원 관리로 등장하는 주연 남자배우 악화를 능가한다.

또한 초교는 2년 후, 한국의 정창화 감독이 직접 시나리오를 쓰고 메가폰을 잡은 여협 매인두(女俠賣人頭, 1970)에도 주인공 여검객으로 출연했는데, 당시 무술감독 하인재의 무술 지도를 받아 초교와 집단으로 싸우는 검객 중의 하나가 고작 열아홉 살이었던 성룡이었다고 한다.

1969년 2월 14일 충무로 스카라 극장에서 개봉해 관객 30만 명을 동원한 이 영화의 라유 감독은 이후 이소룡의 정무문과 당산대형을 연출했다.

여심(1957)

Pal Joey

삼총사(The Three Musketeers, 1948)와 **스카라무슈**(Scaramouche, 1952)(개봉 제목 **혈투**)로 유명한 조지 시드니(George Sidney, 1916~2002) 감독이 1957년 연출한 이 영화는 뮤지컬 로맨스 무비의 고전이다.

삼류 클럽을 떠돌면서 여자들을 꾀는 조이 에반스(프랭크 시나트라)는 그야말로 타고난 바람둥이다. 그런 그가 일자리 때문에 찾아간 클럽에서 댄서이자 가수 지망생인 린다 잉글리시(킴 노박)에게 한눈에 반하면서 인생의 새로운 국면을 맞이한다.

프랭크 시나트라는 근사한 무대 매너로 로렌즈 하트 작사, 리처드 로저스 작곡의 'There's a small hotel', 'I could write a book', 'The lady is a tramp' 등의 스탠더드 재즈곡을 선보이는데, 특히 직장을 잃을 위기에 놓인 조이 에반스에게 구세주처럼 찾아온 돈 많은 베라 심슨 부인을 유혹하며 노래를 부르는 장면은 지금 봐도 무척 낭만적이다. 중후한 매력이 빛나는 베라 심슨 부인 역으로 출연한 리타 헤이워즈는 당시 서른아홉 살이었지만, 전성기의 노래 솜씨를 유감없이 들려준다.

노련한 선배 배우 리타 헤이워즈와 프랭크 시나트라 사이에서 당시 스물네 살이었던 킴 노박 역시 주눅 들지 않고 사랑의 삼각관계를 맛깔나게 연기한다. 그녀가 세이 조이 클럽의 개장 리허설에서 고혹적인 자태로 부르는 'My funny Valentine'의 실제 목소리 주인공은 트루디 웰윈이다.

이 영화는 우리나라에서 1958년 9월 27일 광화문 아카데미 극장에서 개관 프로로 개봉했다.

87

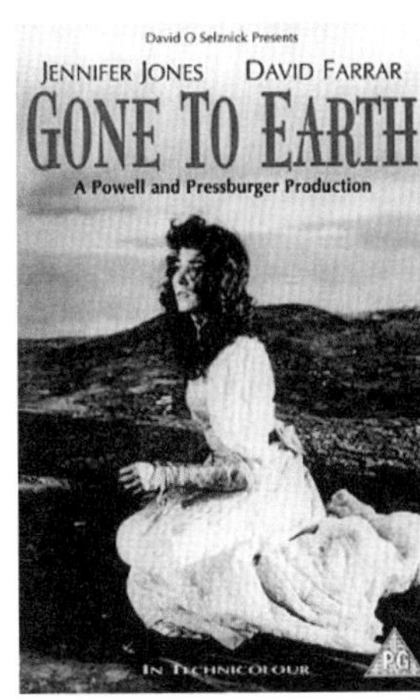

여호(女狐)
(1950)
Gone to Earth

마이클 파웰(Michael Powell, 1905~1990)과 에머릭 프레스버거(Emeric Pressburger, 1902~1988)가 공동 연출한 이 영화는 한 여자와 두 남자의 사랑과 애증, 죽음을 그린 로맨스 무비의 고전이다. 파웰과 프레스버거 감독은 천국으로 가는 계단(A Matter of Life and Death, 1946), 흑수선(Black Narcissus, 1947), 분홍신(The Red Shoes, 1948), 호프만 전기(The Tales of Hoffmann, 1951) 등 1940~50년대 열댓 편의 작품을 공동 연출한 콤비로 유명하고, 특히 파웰 감독은 데이비드 린과 함께 영국 영화인들이 가장 자랑스럽게 생각하는 감독 중 한 사람이다.

하젤 우더스(제니퍼 존스)는 사냥개에게 어미를 잃은 여우 폭시를 키우며 아버지와 단둘이 살아가는 순진한 처녀다. 어느 날, 길 잃은 하젤을 발견한 농장주 잭(데이비드 파라)이 그녀를 집으로 데려와 추행하려다가 실패하는 사건이 일어난다. 그런가 하면 목사인 에드워드(시릴 쿠삭)는 교회 행사에서 노래하는 하젤의 모습에 반해 청혼한다. 가장 먼저 자신에게 청혼한 남자와 무조건 결혼하겠다고 맹세한 하젤은 목사와 결혼하지만, 그녀를 노리던 잭의 등장으로 하젤의 삶은 비극으로 치닫는다.

파웰과 프레스버거 감독은 아름다운 장면들을 놓치지 않고 포착한 크리스토퍼 챌리스의 촬영의 도움으로 소유욕에 사로잡힌 농장주의 탐욕과 독실하고 올곧은 성직자의 사랑을 서사적으로 그려낸다.

당시 제니퍼 존스의 남편었던 데이비드 O. 셀즈닉이 영국 제작자와 합작한 이 잔잔한 로맨스의 고전은 1955년 12월 8일 국도극장에서 개봉했다. 김종원 영화 평론가가 고전영화를 강의할 때마다 언급하는 이 영화는 국내에는 전혀 생뚱한 귀향이라는 제목의 DVD로 출시됐다.

영혼의 카니발 88

(1962)

Carnival of Souls

무명이었던 허크 하비(Herk Harvey, 1924~1996) 감독의 이 독창적인 영화는 당시 3만 달러라는 적은 비용으로 3주 만에 제작된 전설적인 B급 호러 무비다.

줄거리 자체는 단순하고 간결하지만, 주인공 메리 헨리(캔데이스 힐리고스)와 친구들이 탄 자동차가 공사 중인 다리를 지나다가 강에 빠진 뒤 벌어지는 상황은 초현실적이면서 몽환적이다. 하비 감독은 메리의 모호하고 기괴한 동선 뒤에 숨겼던 반전, 즉 그녀가 바로 죽은 사람이었다는 사실을 후반부에서야 공개한다.

하비 감독이 직접 연기한 기괴한 남자와 시종일관 흐르는 서늘하고 기분 나쁜 오르간 연주는 불협화음으로 비현실적인 공포감을 조성하는 데 특별한 효과를 발휘하고, 특히 메리를 둘러싼 침묵의 순간들과 묘한 대조를 이룬다.

이 영화의 영향을 받은 조지 로메로(George A. Romero, 1940~)나 이 영화를 리메이크까지 한 웨스 크레이븐(Wes Craven, 1939~2015)의 호러물도 인상적이지만, M. 나이트 샤말란(M. Night Shyamalan, 1970~) 감독의 식스 센스(The Sixth Sense, 1999)나 알레한드로 아메나바르 감독의 디 아더스(The Others, 2001)는 이 영화의 아이디어를 제대로 차용해, 이 영화에 큰 빚을 지고 있다.

이 작품은 편집이나 음향 기술이 썩 매끄럽지 않지만, 꿈과 현실 또는 삶과 죽음의 모호한 경계를 환상적으로 그린 컬트 영화의 고전이다.

89 올리버 트위스트

(1948)

Oliver Twist

데이비드 린 감독의 이 영화는 찰스 디킨스의 원작을 각색한 그의 첫 작품이다. 이후에 같은 작품을 1968년 캐럴 리드 감독이, 2005년 로만 폴란스키 감독이 연출했는데, 아무래도 올드팬은 아역 배우 마크 레스터가 주연한 캐럴 리드 감독의 1968년 영화가 익숙할 것이다.

구빈원에서 사생아로 태어난 주인공 올리버가 갖은 핍박과 학대를 받으며 성장한 뒤 탈출하고 들어간 런던 소매치기 소굴에서 벌어지는 이야기를 다룬 이 흑백영화는 캐럴 리드나 로만 폴란스키 감독의 작품과 달리 비교적 원작 소설에 충실한 작품으로, 올리버를 괴롭히는 도둑 빌 사이크스 역을 맡은 로버트 뉴턴의 연기도 압도적이다.

필자도 두 번째 영화 내 마음의 고향을 연출할 때 주인공 도성에게 올리버의 이미지를 부여했으며, 동요를 부르는 후반부는 캐럴 리드의 뮤지컬 영화에서 아역 배우 마크 레스터가 한밤중에 일어나 엄마를 그리워하며 'Where is love'를 부르는 한 시퀀스를 인용한 바 있다.

올리버 트위스트 역의 아역 배우 존 하워드 데이비스, 자기 외손자인 줄 모르고 소년을 돕는 다정한 노신사 브라운 로 역의 명배우 헨리 스티븐슨, 특수 분장을 한 페이긴 역의 알렉 기네스 연기 또한 인상적이다.

참고로, 이 영화의 제작자는 앨버트 피니 주연의 **스크루지**(Scrooge, 1970), 진 해크먼 주연의 **포세이돈 어드벤처**(The Poseidon Adventure, 1972), 존 보이트 주연의 **오데사 파일**(The Odessa File, 1974)을 연출한 로널드 님(Ronald Neame, 1911~2010) 감독이다.

이 영화는 1953년 10월 15일 한국전쟁이 막바지에 다다랐을 때 수도극장에서 개봉했다.

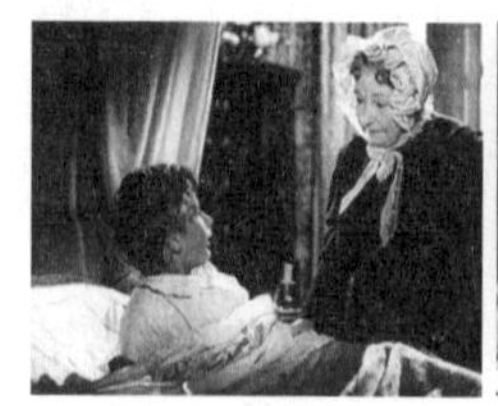

왕자와 무희

(1957)

The Prince and the Showgirl

영국의 저명한 극작가 테렌스 래티건의 희곡 슬리핑 프린스(The Sleeping Prince)를 각색한 이 영화는 당시 영국의 거장 로렌스 올리비에와 미국의 톱스타 메릴린 먼로가 의기투합해 만들어서 화제가 된 로맨틱 코미디의 고전이다. 이 작품은 올리비에의 부인 비비앤 리가 촬영장에까지 나와 남편의 연출을 챙긴 덕분인지 비교적 좋은 평가를 받았다.

직접 메가폰을 잡은 로렌스 올리비에는 영국 왕 조지 5세의 대관식에 참석하러 온 일국의 섭정관 찰스 왕자로 등장하고, 메릴린 먼로는 우연히 대사관에 들렀다가 찰스 왕자와 사랑에 빠지는 미국인 쇼걸 엘시 마리나 역을 맡았다. 올리비에와 먼로의 연기가 비교적 자연스럽게 어우러지며 시빌 손다이크 등 조연의 연기 또한 예상 외로 반응이 좋았다.
전형적인 로맨틱 코미디로 연출됐지만 두 남녀가 며칠간의 만남으로 좌충우돌하는 이 영화의 러브 스토리는 그다지 신선하지는 않은 편이다.

단, 이채로운 점은 당시 작가 아서 밀러와 결혼한 메릴린 먼로가 영국 신혼여행 중에 만난 로렌스 올리비에와 비비앤 리 부부과 공동제작을 결정하고 나서 의욕적으로 이 영화의 시나리오를 썼다고 한다. 물론 그 결과는 그녀의 상업적인 이미지가 사라진 캐릭터였지만 말이다.

마이클 파웰의 영화에서 수려한 영상미를 뽐낸 잭 카디프가 카메라를 잡아 런던에서 올 로케 촬영한 이 영화는 영국 아카데미상에서도 5개 부문에 노미네이트됐다. 세계적인 흥행 성적은 썩 좋지 않았지만, 신데렐라 스토리로 상류사회의 위선을 풍자하는 현대 영화에 영향을 주었다.

이 영화는 1958년 8월 14일 충무로 명보극장에서 개봉했다.

91 왼손잡이 권총 (1958)

The Left Handed Gun

아서 펜 감독의 야심찬 데뷔작인 이 영화는 미국 서부시대에 전설적인 건맨이었던 윌리엄 보니, 즉 빌리 더 키드의 복수를 다룬 뉴 웨스턴 무비의 고전이다.

이 영화는 존 포드와 라울 월시의 정통 웨스턴처럼 속사 대결의 긴장감 넘치는 활극에 치중하기보다 한 시대를 풍미한 총잡이 '빌리 더 키드'라는 인물에 초점을 맞추고 무법자인 그가 우연히 어느 평화주의자를 만나면서 죽음을 불사하고 변해가는 모습을 그린다.

1960년대 뉴 아메리칸 시네마의 경향을 만들어낸 펜 감독은 불행하게 살아온 문맹 빌리 더 키드가 자신을 돕던 목장주 턴스털에게 감화돼 그를 죽인 범인 네 명을 추격하고 처단하는 과정을 1940년대 필름 누아르풍 화면 설계로 연출한다.

제임스 딘 사후 가장 주목받던 배우 폴 뉴먼은 강렬한 메소드 연기로 빌리 더 키드의 백치 같은 캐릭터를 해석하는데, 서부영화에 처음 출연한 그가 친구 톰과 찰리를 복수극에 끌어들이는 시퀀스와 패트 가레트 보안관(존 데너)에 쫓기다가 결국 빈손으로 살해되는 라스트 신은 오랜 여운을 남긴다.

빌리 더 키드라는 서부의 인물을 다룬 실화라서 그런지 몰라도 단순하고 충동적인 캐릭터를 만들어내는 폴 뉴먼의 연기력은 매우 매력적이며 놀랍다.

1959년 8월 15일 명동 입구 중앙극장에서 개봉한 이 영화를 샘 페킨파가 패트 가레트에게 초점을 맞춰 연출한 관계의 종말(Pat Garrett and Billy the Kid, 1973)과 비교해서 감상하는 것도 재미있다.

92

우리의 환대

(1923)

Our Hospitality

셰익스피어의 로미오와 줄리엣을 차용한 듯한 이 무성영화를 제작된 지 90여 년이 흐른 지금 봐도 존 블리스톤(John G. Blystone, 1892~1938)과 버스터 키튼(Buster Keaton, 1895~1966)의 연출력은 대단하다.

토지 문제로 원수가 된 매케이 가문과 캔필드 가문의 아들과 딸이 사랑에 빠져 결혼하면서 두 가문이 화해한다는 줄거리도 유쾌하지만, 버스터 키튼의 곡예에 가까운 아크로바틱 액션 연기를 비롯해 흥미로운 판토마임은 러닝타임 74분 내내 영화에 빠져들게 하는 감상 포인트이며 장난감 같은 기차 시퀀스와 아슬아슬한 폭포수 시퀀스, 그리고 오우삼 감독이 미션 임파서블 2(Mission: Impossible II, 2000)에서 인용한 암벽 등반 장면은 긴장감이 충만하다.

캔필드 삼부자가 권총을 들고 젊은 윌리 매케이(버스터 키튼)를 뒤쫓는 일화는 웃음을 자아내며 '네 이웃을 네 몸과 같이 사랑하라'는 캔필드의 가훈은 이 작품의 주제를 상징한다.

요즘 같은 컴퓨터 그래픽이 전혀 없던 시절이어서, 어떤 조작도 없이 버스터 키튼이 줄에 묶여 달리는 기차에 끌려가는 장면이나 절벽 아래로 흘러내리는 폭포수에 떠내려오다가 절벽 끝에 매달리는 생생한 연기는 지금 봐도 많은 감동을 준다.

1920년대 당시 찰리 채플린의 인기에 가려 주목받지 못한 버스터 키튼의 이 전성기 걸작은 셜록 2세(Sherlock Jr., 1924)와 함께 현대에 재평가받았다.

93

우수(雨愁)

(1966)

This Property is Condemned

시드니 폴락(Sydney Pollack, 1934~2008) 감독의 이 영화는 미국 남부 미시시피 시골 마을에 온 미남 철도 감사원 오웬 르게이트(로버트 레드포드)를 향한 하숙집 딸 앨바 스타(나탈리 우드)의 안타까운 사랑을 그린다.

영화의 원어 제목이 말해주듯이 저주받은 재산인 하숙집 여주인 하젤(케이트 레이드)의 꿈은 돈 많은 늙은 남자를 꾀어 도시로 떠나는 것이다. 큰딸 앨바는 동화 같은 꿈을 꾸면서 애타게 사랑을 찾아 헤매고, 소외된 작은딸 윌리(메리 바덤)는 마음 붙일 곳을 찾지 못한다. 이들의 삶이 중심이 된 이 영화는 윌리가 철둑 가에서 만난 소년에게 이야기를 들려주는 방식으로 전개된다.

엄마의 강요를 이기지 못하고 지역의 부유한 늙은이와 결혼한 앨바가 다음 날 뉴올리언스로 가서 사랑하는 오웬과 재회하는 장면, 그리고 엄마의 훼방으로 사랑에 실패하고 울면서 거센 빗줄기를 맞으며 밤거리를 달리는 라스트 신은 특히 인상적이다.

유리동물원이나 욕망이라는 이름의 전차로 유명한 테네시 윌리엄즈의 원작을 프랜시스 F. 코폴라(Francis Ford Coppola, 1939~)가 직접 각색한 이 영화에 출연한 배우 나탈리 우드는 당시 28세였으나 아역 배우 출신답게 노련한 열연으로 두 살 연상인 로버트 레드포드와 환상적인 호흡을 맞췄다. 철도 노동자 제이제이로 등장하는 찰스 브론슨은 2년 뒤 알랭 들롱과 출연한 액션 스릴러 아듀 라미로 스타덤에 올랐다. 윌리 역을 맡았던 메리 바덤은 하퍼 리 원작 로버트 멀리건(Robert Mulligan, 1925~2008) 감독의 **앵무새 죽이기**(To Kill a Mockingbird, 1962)에서 여섯 살 소녀 스카우트를 연기했던 소녀다.

이 영화는 1968년 3월 9일 파라마운트 극장에서 개봉했다.

94

운명의 손(1954)

한형모 감독이 제작·연출한 이 영화는 로맨스와 반공 스릴러가 혼합되어 당시로써는 드물었던 퓨전 장르 영화의 걸작이며 한국 최초의 키스신으로도 유명하다.

이 작품으로 데뷔한 윤인자는 바걸 마가레트와 북한 간첩으로 이중생활을 하는 여인 정애를 매우 섬세하게 연기하는데, 한국 방첩대의 신영철 대위(이향)를 사랑하게 되면서 이념 때문에 번민하다가 그를 위해 죽는 라스트 신에서 수많은 남성 팬을 열광시켰다. 이 캐릭터는 이후 강제규(姜帝圭, 1962~) 감독의 쉬리에서 이방희와 이명현이라는 두 정체성 사이에서 갈등하는 김윤진의 연기를 연상시킨다.

영상미가 탁월한 이 영화는 마가레트의 아파트 거실과 장신구, 의상을 통해 한국 현대 멜로드라마의 전형이 됐으며, 요염하면서도 청순한 이중적인 여성상이 당대 남성이 여성에 대해 품고 있는 판타지로 작품에 녹아들었다.

한형모 감독은 만주에서 미술을 공부했고 귀국 후에 극단에서 무대미술을 담당하다가 1949년 여순반란을 다룬 **성벽을 뚫고**로 감독 데뷔했다. 또한, 이 영화에서 특이하게 반지 낀 손과 구두를 신은 발의 클로즈업으로만 보이다가 결말 부분에서 얼굴을 드러낸 조직 책임자 박을 연기한 주선태는 한형모 감독의 **자유부인**에서 개성 있는 연기로 대중에게 사랑받은 배우다.

1950년대 초기의 영화들은 전쟁 와중에 유실된 것이 많은데, 한국영상자료원에서 제공하는 1950년대 영화 중 가장 오래된 영화가 바로 이 작품이다. 1955년 1월 6일 수도극장에서 개봉하던 당시 이규환(李圭煥, 1904~1982) 감독의 **춘향전**에 밀려 흥행에는 실패했지만 재평가를 받아야 할 한국 고전 영화의 걸작이다.

1923년 황해도 사리원 출신인 윤인자는 1965년 **빨간 마후라**로 대종상 여우조연상을 받았고 2012년 8월 20일 89세로 세상을 떠났다.

95

원탁의 기사

(1953)

Knights of the Round Table

리처드 소프(Richard Thorpe, 1896~1991) 감독의 이 영화는 영국 아서 왕의 전설을 바탕으로 원탁의 기사 랜슬롯과 기네비어 왕비의 로맨스를 그린 액션 판타지 고전이다.

당시 마흔두 살로 전성기를 맞은 로버트 테일러가 아서 왕의 충직한 기사인 랜슬롯 역을 맡아 기네비어 왕비(에바 가드너)와 애절한 사랑을 나눈다. 아일랜드의 대평원 현지에서 촬영해서 시네마스코프 스크린에 펼쳐지는 전투 장면은 압도적이다.

리처드 소프 감독은 고대 영국의 이상향을 건설하려는 아서 왕의 충직한 기사 랜슬롯의 스케일 큰 모험담보다는 아름다운 기네비어 왕비를 향한 잔잔한 로맨스에 초첨을 맞춘다.

액션 장르인데도 아메리칸 쇼트-인물의 무릎까지 화면에 담은 구도-를 중심으로 롱 쇼트와 풀 쇼트로 일관되는 단조로운 프레임이 요즘 안목으로는 아쉽게 보이지만, 국내 개봉 당시 전쟁의 상흔에서 벗어나고자 극장을 찾은 영화팬들에게는 적어도 영화를 감상하는 동안만큼은 화려한 낭만과 환상의 순간을 안겨줬다.

아서 왕 역은 오드리 헵번의 남편으로 유명한 멜 퍼러가 맡았으며, 랜슬롯을 모함하고 왕권을 찬탈하려는 모드레드 역은 스탠리 베이커가 맡아 열연했다. 존 부어맨(John Boorman, 1993~)의 **엑스칼리버**(Excalibur, 1981)나 안톤 후쿠아(Antoine Fuqua, 1966~)의 **킹 아더**(King Arthur, 2004)와 비교하면서 감상할 만한 사극이다.

한국전쟁이 끝난 직후인 1955년 을지로 국도극장에서 개봉해 흥행에도 성공한 이 영화는 토머스 맬러리의 원작 소설을 각색한 작품으로, 오랜 세월이 지나도 여전히 매력적인 역사 고전 작품이다.

96

유혹(1954)

Young at Heart

고든 더글러스(Gordon Douglas, 1907~1993) 감독의 이 영화는 노래 잘하는 두 인기 배우 프랭크 시나트라와 도리스 데이가 공동 주연한 로맨스 뮤지컬 영화의 고전으로, 마이클 커티즈 감독의 네 명의 딸들(Four Daughters, 1938)을 리메이크한 작품이다.

저명한 음악가 조지 터틀 가의 사랑스러운 세 딸 중 생기발랄한 로리(도리스 데이)가 약혼자 알렉스 버크(기그 영)의 편곡자인 바니 슬론(프랭크 시나트라)을 만나면서 사랑과 우정, 결혼 이야기가 펼쳐진다.

우울하고 냉소적인 피아니스트로 등장해 도리스 데이의 밝고 아름다운 이미지와 대조를 이루는 프랭크 시나트라는 스탠더드 발라드를 낭만적으로 부른다. 주제가 'Young at Heart'를 비롯해 조지 거쉬인 작곡의

'Someone to watch over me'와 콜 포터 작곡의 'Just one of those things'가 영상과 잘 어울린다.

한편, 도리스 데이가 가족 앞에서 부르는 연가 'Hold me in your arms'와 'Till my love comes back to me'는 이 영화의 흥행에 일조했으며, 라스트 신에서 프랭크 시나트라와 함께 부르는 'You, my love'는 특히 사랑스럽다.

원전 영화 네 명의 딸들에서는 뮤지션 애덤 렘프(클로드 레인즈)의 네 명의 딸들의 마음을 빼앗는 냉소적인 음악가 미키 보덴 역은 존 가필드가 맡았었다.

이 영화는 1960년 5월 21일 광화문 아카데미 극장에서 개봉했다.

육체의 약속

(1975)

97

이 영화는 이만희 감독의 만추를 리메이크한 작품이지만, 멜로 드라마의 서정성이나 아름다운 로맨스를 강조하기보다는 여성이 남성에게 갖고 있는 피해망상을 그린 성애물에 가까운, 김기영 감독의 고유한 스타일이 압도적인 영화다.

우발적으로 살인을 저지르고 감옥에 갇힌 숙영(김지미)은 여교도관(박정자)의 배려로 특별 외박 허가를 받고 고향 여수로 가는 기차에서 청년 훈(이정길)을 만난다. 교도관의 중재로 훈은 숙영에게 결혼을 제안한다. 그러나 친구에게서 돈을 돌려받으려다가 살인죄를 뒤집어쓰게 되고 두 사람은 사랑이 이루어질 수 없음을 깨닫는다. 숙영은 형무소로 돌아가며 2년 뒤에 다시 만나기로 약속하지만, 훈은 형사들에게 체포된다.

이 영화에서 김지미는 자신을 데뷔시킨 김기영 감독과 오랜만에 같이 호흡을 맞췄는데, 김지미의 표정 연기는 관객의 시선을 사로잡고, 당시 신인이었던 이정길과 연극배우 박정자의 연기 호흡 역시 관객이 영화에 몰입하게 하는 매력적인 요소다. 김기영의 독특하고 감각적인 미장센이 여주인공의 동선을 따라 스크린 가득 펼쳐져 장르 영화의 독특한 분위기를 자아내는데, 음악은 캐릭터의 심리를 묘사하기보다 1970년대식 멜로디로 배경음 역할에 한정돼 아쉬움을 남긴다.

작가 김지헌이 시나리오를 쓰고 동아수출공사가 제작한 이 컬러 영화는 1975년 제14회 대종상 영화제에서 김지미에게 여우주연상을, 박정자에게 여우조연상을 안겨줬을 뿐 아니라 1975년 7월 26일 국도 극장에서 개봉하고 7만 명 가까운 관객을 동원해 흥행에도 성공했다.

이중생활(레다) 98

(1959)

À double tour

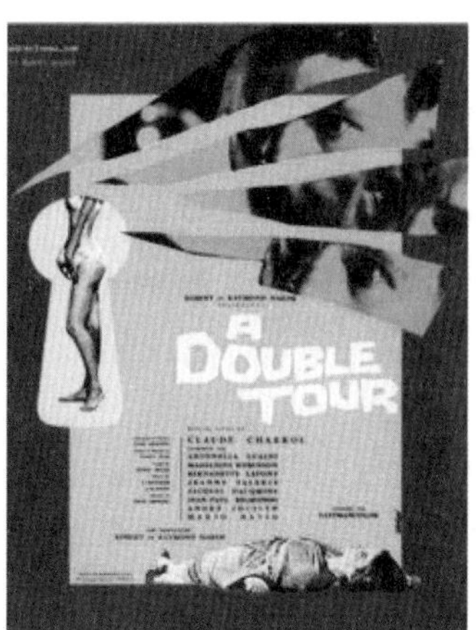

클로드 샤브롤 감독의 이 영화는 마르쿠(자크 다크민) 가족을 둘러싼 살인사건을 다룬 서스펜스 스릴러의 고전이다. 프리츠 랑의 영향을 받아 앨프리드 히치콕 스타일의 서스펜스를 구현하는 클로드 샤브롤 감독은 이 작품에서 한정된 예산으로 극히 개인적인 이야기를 연출하는데, 전작 사촌들(Les Cousins, 1959)과 달리 미장센이 매우 현란하고 시각적이다.

언덕 위 마르쿠의 고급 저택에는 앙리와 테레즈 부부가 두 자녀 리샤르(앙드레 조슬렝), 엘리자베스(잔 발레리)와 함께 살고 있다. 겉으로는 평범해 보이는 가정이지만, 앙리는 이웃집에 사는 아름답고 젊은 예술가 레다 몰토니(안토넬라 루알디)와 불륜 관계를 맺고 있다. 게다가 레다와 함께 사는 자유분방한 청년 라줄로 코박(장 폴 벨몽도)은 엘리자베스와 약혼한 사이이다. 그러던 어느 날 레다가 살해되자 긴장은 최고조에 달한다.

마르쿠 저택의 인상적인 세피아 색조와 레다가 사는 오두막의 희고 푸른 색조가 대비되면서 펼쳐지는 후반부 리샤르의 시퀀스는 마치 앨프리드 히치콕의 필사본 같다. 특히, 이 작품은 '하루'라는 한정된 시간에 전개되는 아버지와 아들의 이중 플래시백으로 구성됐는데, 둘 사이에 오이디푸스적 삼각관계를 맺은 레다의 살인에 얽힌 반전이 이 영화에 특별한 흥미를 더한다.

이 독창적 스릴러는 당시 프랑스 누벨바그의 정점에 있던 샤브롤 감독이 시나리오 작가 폴 게고프와 공동 집필한 작품이다. 특히, 프롤로그에서 마르쿠 집안의 가정부 줄리(베르나데트 라퐁)와 우유 배달부 청년 로저(마리오 데이비드)가 펼치는 서브 플롯도 인상적이다.

이 영화는 1962년 12월 7일 명동 입구 중앙극장에서 개봉했다.

이집트의 태양 99

(1954)

The Egyptian

마이클 커티즈 감독의 이 시대극은 예수가 탄생하기 13세기 전에 있었던 이집트 왕자의 이야기이다.

나일 강에 버려져 가난한 의사의 보살핌을 받으며 자란 시뉴에 왕자(에드문드 퍼덤)는 어느 날 치즈 상인의 아들 하론(빅터 마추어)과 함께 사막에서 위기에 처한 파라오를 구한다. 시뉴에는 파라오가 대가로 제안한 어의 자리를 거절하지만, 하론은 왕의 경호관이 돼 공신들의 덕망을 얻으면서 이집트를 지배하는 새로운 지도자로 등극한다. 시뉴에는 이복 여동생 바케타몬 공주(진 티어니)의 제안마저 거절하고, 부귀영화를 얻기는커녕 추방당해 외지에서 가난한 사람들에게 평생 의술을 펼치며 살아간다.

진 시몬즈는 출연 분량이 적지만 한평생 시뉴에를 사랑하는 메리트 역을 열연하고 미남 배우 에드문드 퍼덤은 **황태자의 첫사랑**(The Student Prince, 1954)에도 출연했다. 그 밖에도 성격파 배우 피터 유스티노브가 시뉴에를 따르는 하인 카푸타 역을 맡아 감칠맛 나게 연기하며, 진 티어니도 역사의 흐름에 현실적으로 따르는 공주 역을 잘 소화했다.

1956년 1월 8일 수도 극장에서 개봉한 이 대하드라마는 스케일이 큰 액션 영화는 아니나 인간의 존엄성이 어떤 것인지를 잔잔하게 그려낸 수작이다.

100

이창(1954)

Rear Window

추리소설의 대가 코넬 울리치의 원작을 각색한 앨프리드 히치콕 감독의 이 영화는 다리를 다친 신문기자가 무심코 건너편 아파트를 보다가 살인이 벌어진 듯한 정황을 목격하고 범죄 사실을 밝히려다가 곤경에 처한다는 내용의 서스펜스 스릴러의 고전이다. 앨프리드 히치콕 감독은 이 영화에서 주인공 제프리(제임스 스튜어트)가 훔쳐보는 시선으로 관객에게 묘한 카타르시스를 제공하게 하면서 누구에게나 어느 정도의 관음증이 있다고 역설한다.

이 영화에서 처음 소개된 '창문 너머로 바깥세상을 훔쳐본다'는 설정은 이후 브라이언 드 팔마의 **보디 더블**(Body Double, 1984) 같은 스릴러에서도 새롭게 연출됐다. 반면에 이 영화는 1998년 크리스토퍼 리브 주연의 TV 영화로 리메이크된 적이 있지만, 원작의 탁월함을 뛰어넘지는 못했다.

그런가 하면 스티븐 스필버그(Steven Spielberg, 1946~)는 이 영화의 아이디어를 무단 사용해 제작한 디스터비아(Disturbia, 2007)로 법정 소송에 휘말리기도 했다.

상대가 모르는 사이에 그를 '훔쳐보는' 행위는 시선이 곧 권력인 인간 사회에서 부도덕할 수밖에 없지만, 제프가 그러듯이 이웃 여자의 자살을 막고, 살인 사건의 용의자를 체포하는 도덕적 행위가 될 수도 있다는 사실이 의미심장하다. 또한, 제프가 자리에 앉아 어둠 속에서 건너편 세상을 들여다보듯이 영화 관람자는 어두운 객석에 앉아 화면에 펼쳐지는 세상을 들여다본다는 점에서 히치콕 감독은 관객에게 서스펜스를 통해 제프의 경험을 공유하게 하는 절묘한 스릴을 제공한다.

현기증(개봉 제목 환상)과 사이코(Psycho, 1960)로 이어지는 앨프리드 히치콕 감독의 '관음증 3부작' 첫 번째 작품인 이 영화에는 제프리의 애인 리사로 등장한 그레이스 켈리가 다이알 M을 돌려라에 이어 히치콕 감독 작품에 두 번째로 출연했다. 이 영화가 1957년 2월 24일 명동 입구 중앙극장에서 개봉해 큰 인기를 얻은 데에는 불세출 그레이스 켈리의 미모도 한몫했을 것이다.

101

일대검왕(1968)

一代劍王

대만 출신의 곽남굉(郭南宏, 1935~) 감독이 제작·연출한 이 영화는 여섯 살 때 억울하게 부모를 잃은 주인공 채영걸(전붕)이 원수를 찾아 복수한다는 내용으로, 강호의 천하제일검인 흑룡대협 조기룡과 고루만 해변에서 겨루는 라스트 신이 압도적인 작품이다.

채영걸이 아버지 장산공을 죽이고 추혼검을 빼앗아 간 운중군과 부하 호표사상을 하나씩 찾아가 복수하는 장면은 흔치 않은 볼거리를 제공하고, 채영걸의 검술에 감복해 그를 돕는 운중군의 딸 비연자와 그가 빚는 갈등과 긴장도 짜릿한 재미를 선사한다. 비연자 역은 **용문의 결투**(龍門客棧, 1967)로 유명한 배우 상관령봉이 맡았으며 주인공 채영걸을 연기한 전붕은 스물세 살 나이로 스타덤에 올라 곽남굉 감독의 페르소나로서 1970년대 영화 **소림사 18동인**(少林寺十八銅人, 1976)에도 출연했다.

이 영화는 복수와 보은 사이에서 갈등하는 젊은 검객의 이야기가 주축을 이루는데, 눈먼 운중군과 벌이는 태무묘의 결투와 천하제일검 조기룡과 벌이는 고루만 바닷가에서의 결투는 가히 명장면이다.

오늘날 50·60세대가 기억하는 추억의 무협 영화 중에는 장철과 호금전으로 상징되는 홍콩 쇼브라더스 작품이 많다. 이 영화도 왕우와 정패패, 로레 주연의 검술 영화가 봇물 터지듯 수입되던 1960년대 후반 국내에 소개된 무협물로서 **방랑의 결투**, **외팔이** 시리즈, **금도괴객**(金刀怪客, 1963), **방랑의 제일검**(大瘋俠, 1968) 등과 함께 오래 기억되는 무협 영화의 고전으로 우리나라에서는 1969년 5월 23일 스카라 극장에서 개봉했다.

자랑스러운 반역자(1958)

Proud Rebel

마이클 커티즈 감독의 이 영화는 전통적인 액션보다 가정이 이뤄지는 과정의 감동을 다룬 웨스턴 드라마이다.

남북전쟁이 치열하던 당시 북부군에게 아내를 잃은 남부군 존 챈들러(앨런 라드)는 실어증에 걸린 어린 아들 데이비드(데이비드 라드)를 데리고 치료하러 가다가 린네트 무어(올리비아 드 하빌랜드)가 혼자 사는 농장에 머물게 된다. 챈들러 부자의 가족애에 독신녀 린네트가 마음을 열고 자신의 삶에 끌어들이면서 새로운 가족원이 되는데, 이들이 한 가정을 이뤄가는 과정이 사랑스럽고 아름답다.

강인한 서부 여성상을 보인 올리비아 드 하빌랜드의 연기가 뛰어나고, 앨런 라드의 친아들이기도 한 아역 배우 데이비드 라드 역시 데이비드 역을 잘 소화해냈다. 목숨처럼 아끼던 양치기 개 랜스가 사악한 벌리 농장에 팔려가자 아버지와 함께 데이비드가 개를 구하는 라스트 신은 특히 인상적이다.

조지 스티븐스 감독이 연출한 셰인에서 총잡이 셰인이 진 아서(마리안 스타레르)의 가족과 인연을 맺는 것처럼 이 영화에서도 올리비아 드 하빌랜드 모자와 가족이 되어가는 앨런 라드의 캐릭터가 서로 닮아 있어 흥미롭다. 셰인에서와 달리 말 못하는 아들을 위해 헌신하는, 인자하고 자존심이 강한 아버지를 잘 그려낸 앨런 라드는 이 작품에 출연하고 6년 뒤인 1964년에 51세의 나이로 사망했다.

이 영화는 1959년 12월 11일 퇴계로 4가 대한극장에서 개봉했다.

103 잔 다르크의 재판(1962)

Procès de Jeanne d'Arc

로베르 브레송 감독이 연출한 이 영화는 잔 다르크의 마지막 재판 과정을 다룬 종교 드라마로 잔 다르크의 실제 재판 기록에 바탕을 두고 사실적으로 연출돼 1시간 1분이라는 비교적 짧은 러닝타임에 진행되는 주교(장 클라우드 푸르노)의 심문과 이에 맞서는 잔 다르크(플로랑스 들레)의 종교적 신념이 팽팽한 긴장감을 자아낸다. 로베르 브레송 감독은 잔 다르크가 화형대에 오르는 라스트 신 직전까지 재판장과 감옥을 오가며 한정된 공간에서 균형 잡힌 연출력을 선보이는데, 칼 테오도르 드레이어의 무성영화 잔 다르크의 수난의 미장센과는 또 다른 매력을 드러낸다.

재판장에서 설전하는 인물들의 시선을 정면으로 처리한 장면이 특히 인상적으로, 동시대 누벨바그 감독들에게도 많은 영향을 준 기념비적인 작가주의 작품이다.

영화사상 잔 다르크 이야기는 여러 차례 다뤄졌다. 비평가들이 '클로즈업 남발'을 비판했던 드레이어 감독의 **잔 다르크의 수난**, 재판 과정을 가장 충실하게 다룬 브레송 감독의 **잔 다르크의 재판**, 잔의 어린시절을 환기하며 그녀의 행동에 주목한 오토 프레밍거(Otto Preminger, 1906~1986) 감독의 **잔 다르크**(Joan of Arc, 1957), 역사적 관점에서 잔 다르크를 조명하면서 전쟁편, 감옥편을 나눠 제작한 자크 리베트(Jacques Rivette, 1928~2016) 감독의 **잔 성처녀**(Jeanne la Pucelle, 1993), 한때 아내였던 밀라 요보비치를 캐스팅해 잔의 일생을 온전히 담아보고자 했던 뤽 베송(Luc Besson, 1959~) 감독의 **잔 다르크**(Jeanne d'Arc, 1999), 같은 해에 개봉한 크리스찬 두가이(Christian Duguay, 1957~) 감독의 **잔 다르크**(Joan of Arc , 1999) 등 여러 탁월한 감독이 이 신비스러운 영웅을 저마다 다른 모습으로 그렸다.

브레송 감독의 이 영화에서 잔 다르크를 연기한 배우 플로랑스 들레는 저명한 작가, 연극가, 스페인 문학가로 활동하다가 2000년 프랑스 아카데미 프랑세즈 회원이 되는 영광을 누렸다.

104

절해의 폭풍

(1942)

Reap the Wild Wind

세실 B. 데밀 감독의 이 해양 영화의 고전은 기술이 그다지 발전하지 않았던 당시로써는 꽤 놀라운 시각적 효과를 선보인 액션 어드벤처다. 이 영화는 바닷길이 유일한 교통수단이던 1840년대에 보험회사와 짜고 미국 키웨스트 해안에서 배를 고의로 파선시킨 뒤 이익을 절반씩 나눠 갖는 등 불법으로 이익을 갈취하던 해적단의 음모를 그린다.

킹 커틀러(레이먼드 매시) 해적단의 범죄를 파헤치는 해양 담당 변호사 스티브 톨리버(레이 밀런드)는 해적단의 음모에 휘말린 선장 잭 스튜어트(존 웨인)와 록시 클레이본(폴레트 고다드)이라는 매력적인 여인을 사이에 두고 삼각관계에 얽힌다.

전반에는 해양 영화로서 화려한 액션에 비중을 두기보다 한 여자를 동시에 사랑하는 두 남자의 로맨스에 초점을 맞추지만, 후반에는 해적단의 음모를 규명하려는 스티브 톨리버의 활약에 집중한다. 스티브 톨리버와 잭 스튜어트가 범죄의 단서를 찾으려고 심해로 잠수하여 거대한 문어와 사투를 벌이는 해저 장면은 특히 인상적이다.

폴레트 고다드는 찰리 채플린의 영화 모던타임스(Modern Times, 1936)에 출연한 무성영화 시대 히로인이며 젊은 날의 수전 헤이워드가 록시 클레이본의 사촌 동생인 드루실라 역으로 등장한다.

후대에 미국 해양업의 미래를 보호했다는 평가도 받은 이 영화는 1955년 6월 13일 을지로 4가 국도극장에서 개봉했다.

젊은 사자들 105

(1957)

The Young Lions

에드워드 드미트릭 감독의 이 전쟁 드라마는 제2차 세계대전에 참전한 독일군 장교와 미군 병사의 일화가 두 축으로 전개되는 어윈 쇼의 소설이 원작이다. 당시 메소드 연기의 절정을 보여준 말런 브랜도는 참혹한 전장에서 임무를 수행하다가 허무하게 죽는 독일군 장교 크리스티안 디스틀 역을 맡았는데, 나약하면서도 불굴의 군인 정신을 보여준 유태계 미군 병사 노아 액커맨 역의 몽고메리 클리프트와 이루는 대조가 볼 만하다. 영화를 풀어가는 드미트릭 감독의 연출 방식 또한 기존의 내러티브와 차별을 둬 적대적인 처지로 참전한 두 청년 크리스티안과 노아를 맨 마지막 장면에서 대치시켜 극적 효과를 노린다.

패망해가는 독일군의 실체를 들여다보며 시간이 지날수록 전쟁에 대한 회의와 인간성 회복에 관한 아픔을 겪다가 노아의 단짝인 미군 병사 마이클 휘태커(딘 마틴)의 총에 맞아 죽어가는 독일군 장교 크리스티안의 마지막 모습은 여전히 가슴을 울린다.

전쟁만 아니었다면, 크리스티안은 오스트리아의 한적한 산속에서 무료함을 느끼며 여전히 젊은이들에게 스키를 가르치고 있었을까? 브로드웨이 톱스타 마이클은 아내 로라의 방종을 눈감아주며 여전히 음악 활동을 계속했을까? 노아는 여전히 미국 서부의 작은 마을에서 도서관 사서로 일하면서 지저분한 하숙방에서 외로운 밤을 맞았을까?

전쟁은 자본가와 정치가가 그들의 이해관계에 따라 벌이는 한 판의 거대한 도박과 같은 것이지만, 인간성이 유린당하고, 어제의 친구가 오늘의 원수가 돼 서로 죽이는 거대한 폭력의 소용돌이에서 희생되는 것은 바로 이런 평범한 사람들이다.

이 작품은 1959년 1월 16일 광화문 아카데미극장과 퇴계로 4가 대한극장에서 동시 개봉해 흥행에 성공했다.

106

정부

(검찰 측 증인, 1957)

Witness for the Prosecution

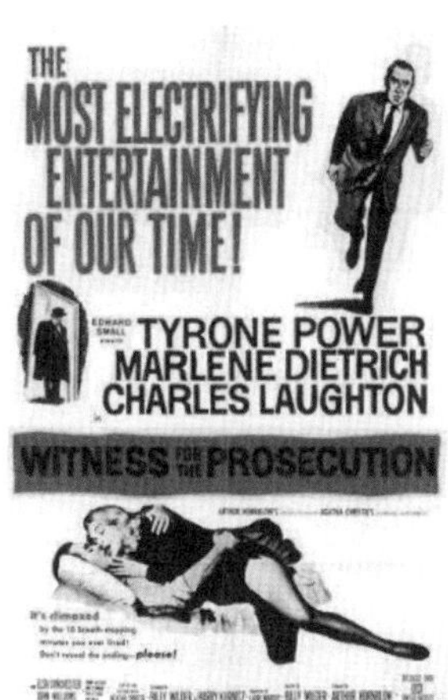

빌리 와일더 감독이 연출한 이 영화는 50대 미망인의 살인 사건을 둘러싼 지능적이고 긴장감 넘치는 법정 스릴러로, 애거사 크리스티의 추리소설 검찰 측 증인을 영화로 각색한 걸작이다.

유능한 변호사 윌프리드 로버츠(찰스 로턴)는 건강이 좋지 않아 병원에 입원했다가 퇴원했지만, 사업상 알게 된 어느 여인을 살해했다는 누명을 쓰고 어려움을 겪는 의뢰인 레너드 볼(타이론 파워)의 변호를 맡는다. 볼의 무죄를 입증할 유일한 수단은 사건 발생 시각에 집에 있었다는 알리바이뿐이고, 그 알리바이를 증언해줄 사람은 그의 아내 크리스틴(마를레네 디트리히)뿐이다.

그러나 아내의 증언은 법정에서 인정되지 않고, 게다가 크리스틴은 오히려 검찰측 증인으로 법정에 나서 레너드가 사건 발생 시각에 집에 들어오지 않았다고 증언한다. 결국, 변호사 윌프리드는 크리스틴의 증언에 맞설 결정적 증거가 없어 고민에 빠지고, 그의 병세 또한 악화된다.

그 와중에 윌프리드는 미지의 제보자로부터 크리스틴이 위증하고 있다는 증거를 얻고, 이를 바탕으로 자신의 변론에 힘을 싣는다. 여기서 놀라운 반전이 일어나는데, 빌리 와일더 감독은 엔드 타이틀에서 라스트 신의 반전을 밝히지 말아달라고 관객에게 당부한다.

레너드 볼이 클럽 가수 크리스틴과 처음 만나는 장면은 특히 낭만적으로 연출된 반면, 윌프리드와 간호사 미스 플림솔(엘사 란체스터)이 등장하는 장면은 와일더 감독 특유의 코미디 감각이 마음껏 살아나 관객에게 즐거움을 선사한다.

엘사 란체스터는 찰스 로턴의 실제 부인으로, 찰스 로턴은 예술성 짙은 영화 사냥꾼의 밤(The Night of the Hunter, 1955)을 연출하기도 했다.

107

정부 마농
(1949)

Manon

18세기 프랑스 작가 아베 프레보의 낭만주의 소설 마농 레스코를 앙리 조르주 클루조(Henri-Georges Clouzot, 1907~1977) 감독이 현대적인 시각으로 해석한 이 흑백영화는 로맨스 무비의 고전이다. 제2차 세계대전이 끝나가던 1944년 프랑스의 한 시골에서 독일군과 놀아난 처녀 마농(세실 오브리)과 그녀를 성난 군중에게서 구출하는 레지스탕스 청년 로베르(미셸 오클레르)의 운명적인 사랑을 그린 이 작품은 비장미가 압권이다.

영화는 마르세유 항구를 떠나 이스라엘로 향하는 로베르와 마농이 유태인 망명객을 실은 화물선에서 자신들의 사연을 선장에게 털어놓으며 시작된다.

태양이 작열하는 팔레스타인 사막에서 로베르가 총상을 입은 마농을 들쳐 메고 걸어가다가 죽어버린 그녀를 모래에 묻고 오열하는 라스트 신은 관객에게 지워지지 않는 강한 인상을 남겼다. 당시 스물한 살이었던 세실 오브리는 여섯 살 연상의 미셸 오클레르와 호흡을 맞추면서 관능적인 아름다움을 마음껏 발산했으며, 마농을 술집에 팔아넘기는 오빠 레옹 역의 세르주 레지아니는 자크 베케르(Jacques Becker, 1906~1960) 감독의 **황금 투구**(Casque d'Or, 1952)에서 시몬 시뇨레와 공연하여 호평을 받았다.

막다른 삶으로 내몰린 두 연인의 폭발적인 사랑과 죽음을 통해 개봉 당시 관객들의 심금을 울린 앙리 조르주 클루조 감독은 이 영화로 베니스 국제영화제 그랑프리인 황금사자상을 받았고, 이후에도 **공포의 보수**(Le salaire de la peur, 1953)와 **악마 같은 여자**(Les Diaboliques, 1955)로 더욱 유명해졌다.

이 영화는 전쟁이 한창인 1951년 12월 21일 충무로 수도극장에서 개봉하여 전쟁의 아픔을 겪은 한국 영화팬의 마음에 더욱 간절한 슬픔을 안겨줬고, 7년 뒤 1958년 4월 명동 입구 중앙극장에서 재개봉해 관객 동원에도 성공했다.

108

종말(1965)

Once a Thief

랄프 넬슨 감독이 연출한 이 흑백영화는 음지에서 살아가는 한 사내의 운명을 담은 액션 누아르다. 당시 최고 배우였던 알랭 들롱이 미국에 진출해 앤 마그렛과 콤비를 이뤄 우여곡절을 거친 끝에 비장하게 죽는 비극적인 남자로 출연한다.

어두운 과거에서 벗어나 사랑스러운 아내 크리스틴(앤 마그렛)과 어린 딸과 행복하게 살려는 에디 페닥(알랭 들롱)을 형 월터(잭 팰런스)가 범죄의 길로 유혹한다. 막대한 백금이 담긴 금고를 터는 중반부 시퀀스와 에디를 돕지 못한 마이크 비도 형사(반 헤프린)가 크리스틴에게 미안해하는 후반부 시퀀스가 특히 인상적이다.

러셀 리의 강렬한 드럼 연주로 시작되는 이 영화는 에디 페닥의 매력과

상반된 불행한 죽음으로 관객에게 진한 연민의 감정을 불러일으키며, 그가 아름다운 아내 크리스틴과 펼치는 사랑의 장면들도 이 영화를 오랫동안 기억하게 하는 인상 깊은 요소다. 에디 페닥의 행동을 이해하려는 마이크 비도 형사 역의 반 헤프린과 늘 냉소적인 형 월터 역을 맡은 잭 팰런스의 연기도 볼 만하다.

이 영화는 프랑스나 이탈리아 등 유럽권에서 인기를 끌었던 알랭 들롱이 1960년대 중반 할리우드에 진출해 출연한 범죄 누아르였지만 예전만큼의 큰 재미를 보지 못한 채, 당시 넬슨 감독의 연출만 돋보인 작품이다.

알랭 들롱은 1968년 1월 30일 스카라 극장에서 개봉할 때 국내 팬의 인기를 유독 많이 끌었던 추억의 스타다.

주정뱅이 천사 109

(1948)

酔いどれ天使

1943년 스가타 산시로(姿三四郎)로 데뷔한 구로사와 아키라 감독이 1948년에 연출한 이 작품을 자신의 첫 필름이라고 선언한 사실은 자못 의미심장하다. 패전한 일본의 어두운 사회를 배경으로 작은 마을에서 가난한 의사 사나다(시무라 다케시)와 젊은 야쿠자 두목 마츠나가(미후네 도시로)가 펼치는 이 휴먼 드라마에 당시 아키라 감독의 사실적인 영화 철학이 배어 있어 이탈리아의 네오리얼리즘을 연상시킨다.

쓰레기와 오물이 가득한 마을 웅덩이는 부패하고 혼란스러운 일본 사회를 풍자하고, 기생충 같은 야쿠자 조직의 일원으로서 결핵을 앓는 마츠나가와 그를 치료하려는 술주정뱅이 의사 사나다를 대조적으로 보여주는 휴머니즘은 이 영화의 주제로, 당시 일본 사회에 희망을 제시한다.

야쿠자 마츠나가 역을 맡아 조직에게 배신 당해 불행하게 죽는 사내를 훌륭히 연기해낸 미후네 도시로는 구로사와 아키라 감독의 들개(野良犬, 1949)에도 출연했다. 또한, 야쿠자 마츠나가를 치료하며 온정을 베푸는 가난한 주정뱅이 의사 사나다로 등장한 시무라 다케시는 7인의 사무라이(七人の侍, 1954)에서 우두머리 무사 역을 맡았다.

마츠나가가 결핵에 걸린 몸으로 전 야쿠자 두목과 페인트를 묻혀 가며 결투하다가 죽는 장면, 밤이면 더러운 웅덩이 앞 폐허에 앉아 통기타를 애절하게 연주하는 장면은 특히 인상적이다.

이 영화는 국내에서 2004년 4월 16일 '구로사와 아키라 회고전'을 통해 처음 상영됐고, 2010년에는 한국 영상자료원이 기획한 '구로사와 아키라 탄생 100주년 기념 특별전'에서 재상영됐다.

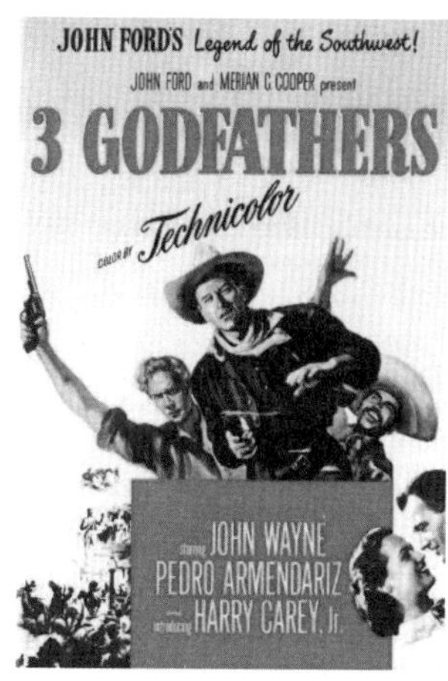

죽음의 사막

(1948)

Three Godfathers

존 포드 감독이 연출한 이 영화는 황량한 사막에서 펼쳐지는 휴먼 드라마다. 은행을 터는 무법자와 그들을 추격하는 보안관이 등장하지만, 통쾌한 액션이나 속사 대결은 없다. 현상 수배범 세 명이 죽기 직전 죄를 뉘우치며 신앙인으로 거듭나는, 인간적이면서 교훈적인 작품이다.

막대한 현상금이 걸린 은행 강도 로버트 하이타워(존 웨인), 페드로 푸에르테(페드로 알멘다리즈), 윌리엄 커니(해리 캐리 주니어)가 사막으로 도주하다 포장마차에서 우연히 여인을 만나 갱생의 기회를 얻는다. 그 여인이 죽으면서 아기의 대부가 돼달라고 부탁한 것이다. 죽음의 기로에서 한 아이의 대부가 돼 생명의 경이와 신의 존재를 느낀 그들은 기꺼운 마음으로 용서를 구한다.

더없이 약한 존재인 갓난아이가 세 남자에게 맡겨져, 이들에게 사랑과 희생의 가치를 깨닫게 하고 인간성을 되찾게 한다는 설정은 이후 다른 영화에서도 찾아볼 수 있다. 프랑스의 콜린 세로(Coline Serreau, 1947~) 감독의 세 남자와 아기 바구니(Trois hommes et un couffin, 1985)는 엄청난 성공을 거두었고, 이를 스타 트렉 시리즈의 스포크 역으로 유명한 레너드 니모이(Leonard Nimoy, 1931~) 감독이 리메이크한 뉴욕 세 남자와 아기(Three Men and a Baby, 1987)는 그해 북미 지역 박스오피스 1위에 올랐다. 이 영화는 프랑스 영화를 리메이크한 할리우드 영화 중 최고 흥행작으로 기록되고 있다. 그 성공에 힘입어 1990년 세 남자와 아기 2가 나와 역시 흥행에 성공했다. 콜린 세로 감독도 2003년에 세 남자와 아기 바구니 – 18년 후를 내놓았고, 일본의 곤 사토시(今敏, 1963~) 감독은 같은 소재의 애니메이션 크리스마스에 기적을 만날 확률(東京ゴッドファーザーズ, Tokyo Godfathers, 2003)을 제작하기도 했다.

존 포드 감독의 필모그래피에서 종교적인 색채가 가장 강한 이 영화는 각박한 현대인에게 경종을 울리는 고전으로, 연말에 감상하기에 좋은 감동적인 웨스턴 드라마다. 존 웨인의 젊은 시절 모습이 이채로운 이 영화는 1958년 10월 30일 대한극장에서 개봉했다.

주발(1956)

Jubal

델머 데이브즈 감독이 연출한 이 영화는 통쾌한 액션보다 멜로드라마의 틀을 내세워 카우보이들의 애증, 질투와 탐욕을 그린 할리우드 서부영화의 고전이다.

사생아로 태어나 험난하게 살아온 무명 카우보이 주발 트루프(글렌 포드)는 말도 잃어버리고 몸도 허약한 상태로 곤경에 빠져 있는 자신을 구해준 목장주 셉 호건(어네스트 보그나인)에게 고용돼 실력을 인정받아 목장 관리 책임자로 승진한다. 하지만 목장주가 캐나다에서 만나 결혼한 젊은 아내 메이(발레리 프렌치)는 주발의 거절에도 불구하고 그에게 노골적으로 애정 공세를 펼치고, 일꾼 핑키(로드 스타이거)를 자극해서 후반에 접어들면 핑키의 농간에 말려든 셉과 주발이 대립하게 된다.

주인공 주발 역의 당대 톱스타 글렌 포드와 목장주 셉 역의 어네스트 보그나인의 출중한 연기력과 더불어 로드 스타이거의 탐욕스러운 악역 연기가 빛을 발하며 찰스 브론슨이 주발을 돕는 정의로운 카우보이 렙 하이슬립으로 등장해 열연한다.

평소 대사가 많은 캐릭터를 싫어한 글렌 포드는 감독에게 찾아가 자신이 맡은 캐릭터의 긴 대사를 네 줄로 줄이자고 주장했다고 한다.
그는 비록 오스카상을받지는 못했지만 늘 성실했고 작품에 몰두하기 위해 겹치기 출연도 자제했다. 그는 2006년 8월 30일 건강 악화로 세상을 떠났다.

이 추억의 서부극은 제작된 지 2년 만인 1958년 2월 18일 충무로 명보극장에서 개봉해 올드팬들에게 많은 사랑을 받았다.

112

지옥문(1953)

地獄門

1950년대 세계적인 영화제에 일본 영화의 존재를 알린 키누가사 테이노스케(衣笠貞之助, 1896~1982) 감독의 이 사극은 라쇼몽(羅生門, 1951)과 우게츠 이야기(雨月物語, 1953)에서 열연한 당시 일본 영화의 아이콘 쿄 마치코의 대표적인 고전이다.

작가 기쿠치 칸이 실화를 바탕으로 쓴 소설을 각색한 이 영화의 시대적 배경은 일본 헤이안 시대 천황파와 상황파가 교토에서 벌인 내전 헤이지의 난(平治の乱)이다. 1159년 12월, 천황파의 수장 다이라노 기요모리(平清盛)가 수하를 대동하고 이쯔쿠시마 신사에 간 틈을 타 상황파 노부요리는 교토의 산조 성을 공격한다. 이 과정에서 궁녀 키사(쿄 마치코)는 기요모리의 여동생을 살리기 위해 스스로 황녀로 위장하고 무사 모리토(하세가와 가즈오)의 도움을 받아 피신한다. 모리토는 반란을 진압하고 마을 입

구 지옥문 아래에서 키사와 운명적으로 재회하면서 키사를 맹목적으로 사랑하게 된다. 공을 세운 모리토는 기요모리에게 키사를 아내로 삼게 해달라고 간청하지만, 키사는 이미 모리토보다 높은 지위에 있는 와타루의 아내가 된 상태여서 일이 꼬이기 시작한다.

일본식 비장미의 극치를 보여준 이 영화는 사랑에 눈먼 욕망이 집착 때문에 목숨마저 잃게 한다는 설정을 통해 인간의 탐욕이 낳는 비극을 미학적으로 그렸다. 특히 남편을 위해 죽음마저 불사하는 아내의 희생정신이나 비록 아내를 죽게 했으나 군주에게 충성하고 공을 세운 부하를 용서하는 상사의 관용을 동양 특유의 정서로 포장해 서구인들을 매혹했으며, 아쿠다가와 야스시와 간사이 오케스트라의 영화음악도 매력을 더했다.

이 영화는 당시 일본 사극영화의 주축이었던 다이에이(大映) 영화사에서 이스트먼 컬러필름을 사용해 제작한 작품으로 1954년 칸 영화제 그랑프리와 1955년 아카데미 외국어 영화상을 받으면서 국제 영화계에 아시아 영화의 존재를 알리고, 일본 컬러 영화를 세계에 처음 알린 계기가 됐다.

지옥의 전선

(1955)

To Hell and Back

1950년대 할리우드 영화계에서 가장 입지전적인 배우를 꼽는다면 단연 오디 리언 머피(Audie Leon Murphy, 1926~1971)일 것이다. 160㎝를 조금 넘는 단신이지만 야무지고 잘 생긴 외모로 다양한 장르영화를 통해 국내에서도 많은 사랑을 받던 머피가 제2차 세계대전 참전 당시 겪은 일화를 기록한 자서전 투 헬 앤 백(*To Hell And Back*)을 시나리오 작가 길 도드가 각색하고 제시 힙스(Jesse Hibbs, 1906~1985) 감독이 연출한 작품이 이 영화다.

영화에서 머피는 실명으로 등장하는데, 소년 가장이어서 초등학교도 졸업하지 못한 채 이등병으로 입대해 3년 동안 전장을 누비는 전쟁 영웅을 연기한다. 나치가 수세에 몰려 도망치는 이탈리아의 시실리 전투와 안지오 전투 그리고 프랑스 전투를 배경으로 한 미군의 전우애와 전투마다 혁혁한 무공을 올리는 머피의 눈부신 활약이 이 영화의 매력이다.

오디 머피는 제2차 세계대전 당시 유럽 전선에 27개월 동안 참전해 미군 병사로서 가장 많은 훈장을 받았고, 최고 훈장인 명예훈장과 은성훈장 등 군인 훈장, 국가 기장, 프랑스 최고의 서훈인 레종 도뇌르, 벨기에 정부가 수여한 훈장 등 모두 33개의 훈장을 받았으며, 이등병에서 중위로 진급했다. 전역한 뒤에는 배우로서 33편의 서부영화를 포함해 영화 44편에 출연했고, 컨트리 음악 작곡가와 목장 사업가로도 활동했다. 사망 후 알링턴 국립묘지에 묻힌 그의 무덤에는 존 F. 케네디 무덤 다음으로 방문객 수가 많다고 한다.

'불타는 전장'이라는 제목으로도 유명한 이 전쟁 영화의 고전은 1958년 1월 31일 광화문 국제극장에서 개봉했다.

114

진실(1960)

La vérité

앙리 조르주 클루조 감독이 연출한 이 프랑스 영화의 고전은 사랑에 관한 지독한 진실을 캐묻는, 당시로써는 매우 파격적인 법정 드라마다. 애인 질베르 텔리에(사미 프레)를 살해했다는 혐의를 받는 피의자 도미니크 마르소(브리지트 바르도)가 법정에서 재판받는 과정에서 플래시백 형식으로 진행되는 이 작품은 관능미로 유명했던 브리지트 바르도의 진면목이 드러난 대표작이다.

도미니크는 공부에는 관심 없고 놀기만 좋아하는 자유분방한 젊은 여성으로 음악을 전공하는 언니 아니(마리-조제 나)와 함께 살다가 질베르를 만난다. 그는 아니가 연주하는 악단의 지휘자로 아니에게 사랑을 느끼기 시작한 상태다. 질베르는 옷을 벗은 채 집 안을 활보하는 도미니크의 도발적인 매력에 끌리고, 두 사람은 금세 뜨거운 관계가 된다. 하지만 음악에 빠져 시간을 내지 못하는 질베르와 뭇 남자를 만나며 자유분방하게 살아가는 도미니크의 사랑은 오래가지 못한다. 결국 질베르는 도미니크와 심하게 다투고 헤어져 아니에게도 돌아가고, 도미니크는 아니에 대한 질투와 질베르에 대한 미련이 증오로 변하면서 세 사람의 관계는 파멸로 치닫는다.

이 영화는 당시 프랑스 최고의 인기 배우 브리지트 바르도가 법정 신을 촬영하다가 클루조 감독에게 뺨까지 맞으면서 열연한 화제작으로, 그녀가 은퇴한 뒤에도 가장 아끼고 사랑한 작품으로 알려졌다. 특히 도미니크의 변호사로 등장한 샤를 바넬과 검사로 등장하는 폴 뫼리스의 불꽃 튀는 연기도 볼 만하다.

클루조 감독의 탄탄한 시나리오와 연출력이 돋보인 이 영화는 1962년 8월 18일 중앙극장에서 개봉했다.

처녀의 샘

(1960)

Jungfrukallan

잉마르 베리만(Ingmar Bergman, 1918~2007) 감독이 연출한 이 영화는 중세 시대 설화에서 비롯한 이야기로 심오한 종교적 주제를 표방하지만, 실제로는 인간이 저지른 죄악에 대한 복수와 회개의 드라마다.

성서 교리를 지키면서 매우 금욕적으로 생활하던 사람이 소중한 외동딸을 별다른 이유 없이 잃는다면, 부모로서 그의 심정은 어떨까? 외딴 지역의 지주 토레(막스 폰 시도우)는 딸 카린(비르이타 페터손)이 전날 밤 마을 댄스파티에서 늦게까지 시간을 보내느라 아침 식탁에 앉지 못하자, 아내 마레타(비르이타 벨리)에게 카린을 시켜 교회에 가서 성모 마리아를 위해 촛불을 켜고 오라고 하면서 자식을 너무 버릇없이 키운다며 아내를 나무란다. 카린은 마지못해 일어나 교회로 가던 길에 양치기들에게 처참하게 강간당하고 살해당한다. 그들이 카린의 아버지 토레의 집에서 쉴 곳을 찾자, 신앙심이 깊었던 토레는 딸의 죽음을 방치한 신에게 의심을 품고, 자기 손으로 이들 살인마를 잔인하게 죽여 복수한다. 복수가 끝난 뒤 카린이 죽어 누워 있던 땅에서 처녀의 샘이 솟는다. 그러자 신의 기적을 다시 확인한 아버지는 딸이 살해당한 자리에 신성한 교회를 지어 죄를 씻기로 하고, 신은 불완전한 인간이 지은 죄를 기꺼이 용서한다.

막스 폰 시도우는 당시 서른한 살 젊은 나이에도 뜨거운 부성애를 실감나게 표현해 그해 칸 국제영화제에서 특별상을 받았다. 이 작품은 종교영화이기 이전에 인간의 죄악을 긴장감 넘치게 다룬 범죄 드라마의 고전으로 1961년 아카데미 영화제와 골든글로브 영화제에서 동시에 최우수 외국어영화상을 받았다.

116

천국과 지옥
(1963)

Heaven and Hell

구로사와 아키라 감독의 이 영화는 가진 자와 가지지 못한 자의 심리를 어린이 유괴 사건을 배경으로 심도 있게 다룬 심리 스릴러의 걸작이다. 동서양을 막론하고 아동 유괴범을 다룬 범죄 영화는 많지만, 1960년대 이후 등장한 작품은 부인할 수 없이 이 영화의 영향을 받았으며 어떤 작품도 구로사와 아키라 감독의 작품성이나 연출력을 뛰어넘지 못했다.

신발 제조회사의 중역인 곤도(도시로 미후네)는 전 재산을 회사에 투자해 제1의 경영자가 되려고 한다. 그러던 어느 날, 그는 자신의 아들이 납치됐다며 범인이 엄청난 몸값을 요구하고 있다는 통보를 받고 회사냐 아들이냐는 선택의 기로에 서게 된다. 하지만 곧 납치된 아이는 자기 아들이 아니라 그의 운전기사의 아들이라는 사실이 밝혀지면서 곤도는 또 다른 고민에 빠지게 된다. 곤도는 회사와 어린이의 생명 사이에서 갈등하고 좌절하다가 결국 경찰(나카다이 다쓰야)의 도움을 받아 편집증적인 유괴범을 추적하는 데 성공한다.

높은 언덕에 있는 곤도의 이층집 폐쇄적인 공간에서 사건이 전개되는 전반부와 달리 달리는 기차에서 납치범에게 돈 가방을 건네준 다음 펼쳐지는 후반부의 긴장감은 실로 대단하다. 유괴범이 면회하러 온 곤도의 이층집을 천국으로, 자신의 다세대 주택을 지옥으로 대조하며 심중을 드러내는 라스트 신은 오늘날 비정한 자본주의 사회에 시사하는 바가 크다.

에반 헌터의 동명 소설을 각색한 러닝타임 2시간 23분짜리의 이 스릴러는 2004년 4월 '구로사와 아키라 회고전'을 통해 국내에 상영됐다.

박찬욱 감독은 이 영화의 영향을 받아 2002년 신부전증을 앓고 있는 누나를 위해 어린 소녀를 유괴하는 어느 청각 장애인 남자의 이야기를 그린 복수는 나의 것을 발표했다.

117 천국으로 가는 계단(1946)

A Matter of Life and Death

마이클 파웰과 에머릭 프레스버거 감독이 공동 연출한 이 로맨스 판타지 드라마는 젊은 비행사인 영국군 소령 피터 카터(데이비드 니븐)와 그의 연인 준(킴 헌터)에 얽힌 영원한 사랑의 찬가다. 현란하게 장식된 앨프리드 융어의 프로덕션 디자인과 수려한 컬러 영상을 제공한 잭 카디프의 촬영이 돋보이며, 현실과 가상 세계를 넘나드는 기발한 이야기는 교훈적이면서도 종교적이다.

제2차 세계 대전 중에 영국의 폭격기 조종사인 피터 D. 카터는 추락하는 중에 미국인 여성 무선사 준과 대화하다가 사랑에 빠진다. 피터는 비행기에서 맨몸으로 탈출해서 기적적으로 살아나고, 죽어야 할 운명이었던 피터가 살아나자 천국에서는 이 문제를 해결하고자 지상으로 사자(마리어스 고링)를 파견한다. 피터는 어떻게든 지상에 남아 있으려고 안간힘을 쓰는데, 화면에는 피터가 지상에서 받는 뇌수술과 천국에서 받는 재판이 번갈아 보인다. 죽은 사람들의 세상인 천국은 흑백으로, 현실 세계는 컬러로 교차 편집되는데, 피터가 수술실에서 사경을 헤매는 동안 사후 세계에서 벌어지는 자신과 준의 사랑에 대한 재판 과정은 두 감독의 독창적인 예술 세계를 그대로 보여준다. 특히 재판장이 있는 천국의 은하수로 길게 걸린 계단에는 링컨과 플라톤, 솔로몬 같은 성인들의 동상이 있어 인간사를 풍자한다. 피터의 변호인 프랭크 리브스(로저 라이브세이)와 파란 검사(레이먼드 메세이)가 천국의 재판장에서 설전하는 신은 이 영화의 하이라이트다.

1953년 7월 3일 수도극장에서 개봉한 이 영화는 잠시나마 전쟁의 상처를 잊고 영화에 빠져들게 해 올드팬들에게는 의미심장한 영국 영화의 고전이다.

천면마녀(1969) 118

千面魔女

한국 영화계에서 최초로 국제적 인지도를 획득한 연출자는 단연 정창화 감독이었다. 그는 마부(1961)의 강대진(姜大振, 1935~1987) 감독처럼 국제 영화제에서 알려지지는 않았지만, 1960년대 아시아 영화를 대표하던 홍콩의 쇼브라더스에 진출해 장철 감독과 함께 홍콩 무협 영화의 인기를 이끌었고, 로레 주연의 철인(죽음의 다섯 손가락)을 연출해 미국 전역에서 상업적으로 흥행에 성공한 액션 감독이었다.

정창화 감독이 1969년 쇼브라더스로 가서 처음 만든 이 영화는 당시 무협물에만 의존하던 쇼브라더스 영화들과 달리 짜임새 있는 화면과 시각적이며 속도감 있는 편집으로 신선한 충격을 주었으며 프랑스 판토마 시리즈의 여성판이라 할 법한 홍콩 영화로 주목받으면서 사상 처음 유럽에서 개봉한, 그야말로 본격적인 여성 첩보물이라 할 수 있다.

천하의 악녀 '천면마녀'인 여두목 몰리가 여형사 치윙과 또 다른 여기자로 변장해 온갖 범죄를 저지르다가 그 실체가 드러나 쇠고랑을 찬다는 내용의 이 영화는 개봉 당시로써는 SF적인 아이디어로 무장한 B급 감성의 액션 스릴러이다.

이 영화의 두 주연 배우, 경찰 치윙 역의 '티나 친-페이(금비)'와 기자로 변장한 두목 몰리 역의 '패트 팅 홍(정홍)'이 벌이는 암투가 흥미진진하고, 속옷 차림으로 격투하다가 건물 옥상에서 배수관을 타고 내려와 탈출하는 장면에서 보여준 티나 친-페이의 매력적인 연기는 특히 인상적이다.

정창화 감독이 전통적인 플롯에서 벗어나 이국적이며 현대적인 액션물로 연출한 이 영화는 1970년 12월 24일 을지로 파라마운트 극장에서 개봉해 크게 흥행했으며, 뒤바뀐 신분으로 혼란스러운 부조리를 그려낸 스토리는 1990년대 홍콩 누아르와 2002년에 시작된 유위강, 맥조휘 콤비의 무간도 시리즈에도 영향을 끼쳤다.

철랑자(1971)

鳳飛飛

119

이 무협 영화는 경극 같은 무협 액션을 배제하고 긴박하고 사실적인 액션을 선보인 고보수(高寶樹, 1939~2000)가 **용문금검**(龍門金劍, 1969)에 출연한 뒤 감독으로서 역량을 드러낸 작품이다. 이 영화에서 여주인공 비비 역을 맡은 호리리는 왕우와 로레, 강대위와 적룡이 인기를 끌던 1970년대 초반, 리칭과 함께 쌍벽을 이룰 만큼 인기 있는 배우였다. 쌍칼을 잘 쓰던 정패패 이후 스크린에서 호리리만큼 매력적인 검술 연기를 보여준 배우도 드물다. 철랑자는 '호리리'라는 이름을 한국 영화팬들에게 각인시킨 홍콩 무협물이자 여성 무협물의 대표적 작품이다.

비비(호리리)는 친언니를 죽인 범인이 어릴 적 자신과 정혼한 김연백(남석훈)이라는 사실을 알게 되자 잠시 갈등하지만, 법의 심판을 받아야 한다는 생각으로 연백을 포청에 데려가려고 한다. 그때 연백의 어머니가 아들을 두둔하고 나서면서 비비와 산등성이에서 혈투를 벌이는데, 두 집을 이간시키려는 숙표가 나타나 김 부인을 죽인다. 그 순간, 연백의 아버지와 비비의 부모가 숙표를 죽여 보복하지만, 형제처럼 지내던 두 가문의 자식들이 원수가 돼 살인까지 저지르는 결말은 당시 유행하던 여느 무협 영화물과도 다르다.

당시 신상옥 감독의 신필름과 합작하던 쇼브라더스에서 성공적으로 활동한 남석훈(홍콩 예명은 남궁훈)이 등장해 이채로운 이 영화는 1971년 4월 30일 종로2가 허리우드 극장에서 개봉해 흥행에 성공했으며 부산에서는 부산극장에서 개봉해 9만여 명의 관객을 동원했다.

이 영화를 계기로 정창화 감독의 **철인**(1972)과 **흑야괴객**(1973)에 출연한 남석훈은 **악명**(1974)과 **속 정무문**(1977), **소림통천문**(1978)에서 메가폰을 잡으면서 감독으로도 활동했다.

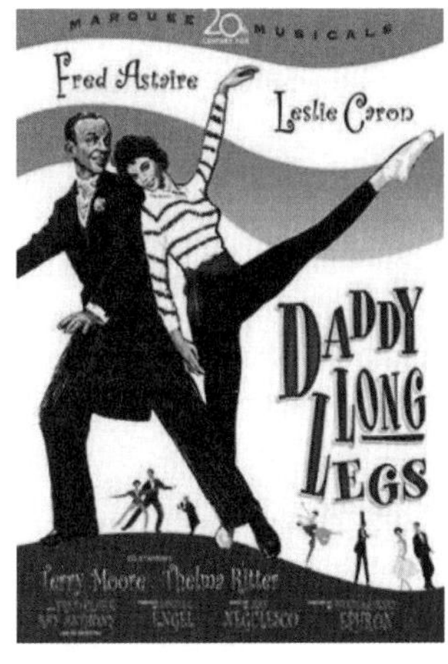

120

키다리 아저씨(1955)

Daddy Long Legs

신데렐라 스토리를 다룬 고전 영화 중 장 네글레스코 감독의 이 걸작은 미국의 아동 문학가 진 웹스터의 소설이 원작으로, 특히 송년에 걸맞은 뮤지컬 영화다. 프랑스의 십 대 고아 줄리 앙드레가 '저비스 펜들턴'이라는 미국 거부의 후원을 받아 꿈에 그리던 미국에서 대학을 졸업하고 진실한 사랑을 찾는다는 이 영화를 보는 내내 관객은 1950년대식 낭만을 느낄 수 있다. 전설적인 프레드 아스테어는 저비스 펜들턴 역을 맡아 스크린 가득 현란한 탭댄스를 보여주고 레슬리 캐런은 소녀 줄리 앙드레 역으로 나와 '신데렐라'처럼 아름답게 연기한다.

줄리가 후원자이며 사랑하는 남자인 저비스에 대한 그리움으로 꿈을 꾸는 시퀀스는 아트 디렉터 존 디큐어와 세트 디자이너 폴 폭스의 환상적인 프로덕션 디자인이 압권을 이루며 앨프리드 뉴먼의 재즈풍 오리지널 스코어 역시 이 작품을 빛낸 일등 공신이다. 구로사와 아키라 감독은 레온 샤로의 촬영이 돋보인 이 작품을 자신이 좋아하는 영화 100편 중 유일한 뮤지컬로 선정했다.

프레드 아스테어는 이 영화에 출연 당시 쉰네 살이었는데도 불구하고 근육질의 관능미까지 갖춘 진 켈리의 아성을 감당하며, 밀려나는 왕년의 스타가 아닌 품위 있고 노련한 아스테어만의 뮤지컬 세계로 관객을 이끈다. 프레드 아스테어가 시드 카리스와 공연한 전작 자유는 애정과 더불어(Silk Stockings,1957)를 이 영화와 비교하며 보는 것도 흥미로울 것이다.

121

킬러(1964)

The Killers

돈 시겔(Don Siegel, 1912~1991) 감독이 연출한 이 액션 누아르는 의뢰받은 살인 청부에 의구심을 품고 그 전말을 밝혀나가는 과정을 그린 하드보일드 필름의 고전이다. 어니스트 헤밍웨이의 소설을 각색했지만 1940년대에 제작된 로버트 시오드막(Robert Siodmak, 1900~1973) 감독의 작품과는 다르게 카레이서 자니 노드(존 카사베츠)가 킬러들이 자신을 죽이러 왔음을 알면서도 피하지 않고 죽음을 맞이한다는 결말을 택했다.

전직 카레이서 자니를 살해한 두 명의 킬러 찰리(리 마빈)와 리(클루 크래거)는 태연하게 자신의 죽음을 받아들이는 자니의 태도가 궁금해 그의 과거를 파헤친다. 이 영화는 자니의 과거를 재구성하면서 자니를 범죄단으로 끌어들이는 보스 잭 브라우닝(로널드 레이건)의 음모와 자니를 유혹하는 공모자인 잭의 아내 실라(앤지 디킨슨), 그리고 자니를 죽이기 위해 잭이 고용한 킬러 찰리의 위풍당당하고 냉소적인 캐릭터를 잘 보여준다. 돈 시겔 감독은 킬러 찰리가 실라를 이용해 잭 브라우닝을 쫓지만, 자니 노드가 실라에게 반해 그녀의 계획에 말려드는 스토리에 초점을 맞춘다.

영화 작가이자 연기자인 존 카사베츠가 자니 노드 역으로 등장해 돈에 사로잡힌 여자에게 배신당하고 살해되는 비운의 캐릭터를 열연하며, 정부를 이용해 범죄를 저지르는 정적 잭 브라우닝 역의 로널드 레이건은 알다시피 제40대 미국 대통령으로 재임했다.

믿었던 여자에 대한 배신감 때문에 절망하고 회한에 빠져 자신을 찾아온 킬러에게 죽음을 허락하는 한 사내의 절망이 인상적인 이 영화는 1964년 12월 25일 명동 입구의 중앙극장에서 개봉해 1965년 신정 특선프로로까지 연장되면서 당시 많은 남성 팬의 사랑을 받았다.

탐정야화 122

(1951)

Detective Story

시드니 킹슬리의 희곡을 각색하고, 윌리엄 와일러 감독이 연출한 이 필름 누아르의 고전은 아버지의 덫에서 벗어나지 못한 형사의 비극을 통해 사회적인 메시지를 설득력 있게 던진 수작이다.

어린 시절 자신을 학대한 아버지 때문에 심한 투라우마가 있는 짐 매클로드(커크 더글러스) 형사는 자신이 맡은 사건 용의자들은 물론 아내 메리(엘레노 파커)의 과거마저도 용서하지 못하지만, 느닷없이 범죄자가 쏜 총을 맞고 죽어가는 순간 아내를 용서하고 초범인 청년 아서(크레이그 힐)를 방면한다.

마치 연극무대처럼 거의 뉴욕 경찰 21관구 안에서만 촬영된 이 영화의 주인공은 짐 매클로드 강력계 형사다. 그는 불법 낙태 시술 혐의를 받았으나 증거 불충분으로 풀려난 칼 슈나이더(조지 맥레디)를 체포하기 위해 안달이 나 있고, 어느 날 매클로드의 아내 메리를 몰래 호출한 경찰서장은 슈나이더와의 사이에 숨겨진 메리의 과거를 밝혀낸다.

윌리엄 와일러 감독은 경찰서 내부의 좁은 공간에서 형사들의 다양한 일상을 심도 깊은 화면으로 연출하는데, 범죄에 강박적으로 집착하는 매클로드 형사 주변에서 취조 받는 좀도둑 역을 맡은 리 그랜트의 연기는 특히 일품이다.

그해 칸 국제영화제는 엘레노 파커 대신 갓 데뷔한 리 그랜트에게 여우주연상을 안겼다. 한편, 초범 아서를 사랑하는 여인 수전 역의 캐시 오도넬은 앤서니 만의 웨스턴 라라미에서 온 사나이(The Man From Laramie, 1955)에서 좀 더 성숙한 모습으로 주연을 맡았다.

국내에서 형사이야기라는 제목으로 DVD가 출시된 이 영화는 1956년 1월 12일 명동 입구 중앙극장에서 개봉했다.

123

텍사스 목장의 혈투 (1956)

Three Violent People

루돌프 마테(Rudolph Maté, 1898~1964) 감독의 이 영화는 개봉 당시 제목과는 달리 목장주 샌더스 가문의 불행한 가족사를 다룬 웨스턴 드라마의 고전이다.

남북전쟁의 어수선한 분위기에서 콜린 샌더스 대령(찰턴 헤스턴)은 자랑스럽지 못한 과거가 있는 여성 로나(앤 백스터)와 결혼하고 고향 샌더스 목장으로 돌아온다. 집에는 어린 시절 사고로 한쪽 팔을 잃은 동생 신치(톰 트라이온)가 빈털터리로 집에 돌아와 있다. 로나는 콜린의 아내로서 자기 자리를 찾아가고 있었지만, 콜린이 자신을 키워준 호이트 아저씨를 찾아갔을 때 그 집에 머물고 있는 임시정부 판무관 해리슨과 케이블(포레스트 터커)을 만나게 되고, 그녀의 과거를 알고 있는 행정 보좌관 매시도 만나게 된다. 케이블은 매시를 시켜 로나를 모욕해서 콜린을 도발하

E

고, 그와 결투해서 그를 죽이라고 한다. 시간이 흘러 로나는 사내아이를 출산하고, 신치는 형 콜린을 죽이고 재산을 빼앗으려고 판무관들과 함께 찾아온다. 결국 총격전이 벌어져 신치는 사망하고, 판무관 일행은 도주하고, 아기가 무사해서 기뻐하던 콜린과 로나는 화해의 포옹을 한다.

OK 목장의 결투, 건 힐의 결투, 황야의 7인(The Magnificent Seven , 1960)을 연출한 존 스터지스(John Sturges, 1911~1992) 감독의 현란하고 박력 있는 액션보다 잔잔한 드라마의 정공법을 선보인 이 영화는 찰턴 헤스턴과 호흡을 맞춘 앤 백스터, 포레스트 터커의 연기가 볼 만하며, 이후 웨스턴 빅 컨트리(The Big Country, 1958)에 출연한 찰턴 헤스턴은 서부극보다 사극에 잘 어울린다는 평가를 받았다.

이 영화는 1958년 11월 1일 중앙극장에서 개봉했다.

124

트로이의 헬렌(1956)

Helen of Troy

로버트 와이즈(Robert Wise, 1914~2005) 감독이 이탈리아에서 촬영한 이 영화에서는 적국 스파르타의 왕비 헬렌(로산나 포데스타)을 사랑하여 조국 트로이를 멸망에 빠뜨린 왕자 파리스(자크 세르나스)의 비극적인 이야기가 펼쳐진다.

평화협정을 위해 스파르타로 향하다 폭풍 때문에 표류하던 파리스 왕자는 미의 여신 아프로디테를 닮은 헬렌 왕비를 만나 한눈에 반한다. 이 운명적인 만남은 헬렌의 남편인 스파르타의 메넬라오스 왕을 자극하여 전쟁이 일어나고, 그들의 사랑은 이루어지지 못하며 전략가 율리시즈가 만든 불길하고 거대한 목마에 숨어 있던 복병들의 공격을 받아 트로이는 멸망한다.

요즘 영화에서 볼 수 있는 컴퓨터 그래픽이 아니라 수많은 실제 엑스트라를 동원하고 세트를 세워 촬영한 스파르타 군대의 트로이 공격 장면은 지금 봐도 압권으로, 맥스 스타이너의 수려한 영화음악이 화면과 잘 어울린다.

2003년 존 켄트 해리슨(John Kent Harrison) 감독이 같은 제목 트로이의 헬렌으로 연출한 작품이 소개됐고, 2004년에는 볼프강 페터젠(Wolfgang Petersen, 1941~) 감독이 브래드 피트, 에릭 바나, 올랜도 볼룸, 다이앤 크루거, 브라이언 콕스, 숀 빈 등 쟁쟁한 배우들을 캐스팅하고 트로이(Troy)를 연출해 세계적인 이슈가 되기도 했다.

앞을 못 보는 고대 그리스 시인 호메로스가 트로이 전쟁을 노래한 대서사시 일리아스의 저자라는 이야기만큼이나 적국 왕비를 사랑한 트로이 왕자의 비극적인 사랑 이야기는 확인할 수 없는 사실이고, 트로이 전쟁은 지중해 무역 상권을 장악하려는 두 나라의 대결이었다는 주장에 더 설득력이 있다.

이 영화는 1957년 10월 3일 종로3가 단성사에서 개봉했다.

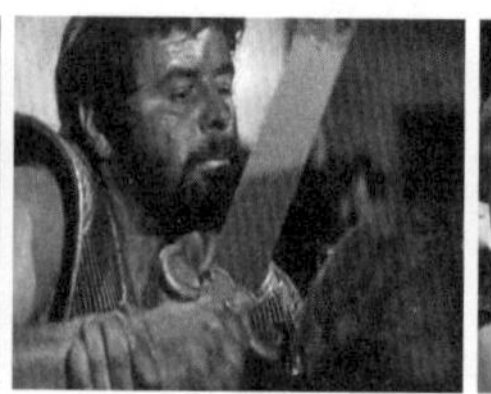

125

특공대작전

(1967)

The Dirty Dozen

로버트 앨드리치(Robert Aldrich, 1918~1983) 감독의 이 전쟁 드라마는 작가 E.M. 네이선슨의 동명소설을 각색한 탄탄한 원작을 바탕으로 전작인 잭 팰런스 주연의 공격(Attack, 1956)과는 전혀 다른 연출을 선보여 흥미롭다.

제목이 말하듯이 주인공 라이즈먼 소령(리 마빈)이 이끄는 특공대원 12명은 사형수이거나 강간과 절도 등 파렴치한 범죄를 저지른 특급 죄수들이다. 제2차 세계대전이 막바지에 접어든 어느 날, 워든 장군(어니스트 보그나인)은 라이즈먼 소령에게 죄수 12명을 데리고 독일군 진지에 침투해 교란하고 폭파하는 작전을 수행하라는 특수 임무를 맡긴다. 라이즈먼 소령이 이 죄수들을 단기간에 정예군으로 훈련하는 과정이 이 영화의 주요 내용으로, 오합지졸이었던 범죄자들이 전우애로 똘똘 뭉친 소수 정예 팀으로 변해가는 과정을 보는 재미가 쏠쏠하다.

라이즈먼 소령을 중심으로 모인 12명의 용병들이 이 영화에서 활약하는 장면들은 대부분 훈련 과정들로 실제 독일군 고성에 침투해 싸우는 장면들은 의외로 짧은 편이지만, 지하실을 폭파하는 라스트 신은 기억에 남을 정도로 잔인하다.

또한 존 카사베츠를 비롯해 찰스 브론슨, 짐 브라운, 텔리 사발라스, 트리니 로페즈, 그리고 장교 역의 로버트 라이언과 조지 케네디의 열연이 작품에 무게를 싣는다.

당시 최고의 주가를 올린 리 마빈 덕에 크게 흥행하고 아카데미 영화제에서 음향효과상을 받은 이 영화는 1968년 3월 22일 충무로 스카라극장에서 개봉했으며, 쿠엔틴 타란티노는 이 영화에서 영감을 받아 2009년 바스터즈: 거친 녀석들을 연출했다.

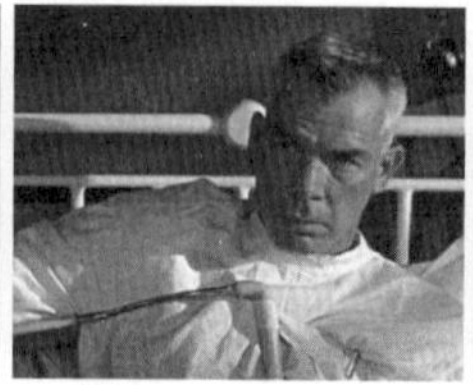

126

파리는 안개에 젖어 (1971)

La maison sous les arbres

질베르 베코의 샹송 '나무 아래 집'이 은은하게 들리면서 시작되는 르네 클레망 감독의 이 영화는 평화로운 도시 풍경 이면에 숨은 악의 모습을 그린다.

파리에 사는 미국인 수학자 필립(프랭크 란젤라)의 아내 질(페이 더너웨이)은 파리에 온 뒤에 자주 물건을 잃어버리고, 똑같은 옷을 사는 등 경미한 기억상실 증세를 보여 정신과 치료를 받는다. 어느 날 아이들을 데리고 서커스를 보러 갔다가 아이들을 잃어버리자 경찰은 질의 기억력을 의심하고, 질이 아이들과 동반 자살극을 꾸미려 했다고 오인해서 유치장에 가둔다. 결국 질은 가족의 생명을 위협하는 산업스파이 조직의 음모가 개입돼 있다는 사실을 깨닫고 남편과 함께 이에 대항해 싸우며 아이들을 되찾고 가정의 평화를 지킨다.

줄거리보다 볼거리가 풍부한 파리 풍물과 안개에 젖은 센 강변의 아름다운 풍경을 배경으로 펼쳐지는 놀라운 반전 효과 덕분에 이 영화는 1970년대 프랑스의 대표적인 미스터리 스릴러로 자리매김했으며, 특히 위험을 무릅쓰고 강한 모성애를 발휘하는 페이 더너웨이의 연기는 물론 르네 클레망 감독이 그녀의 얼굴을 빅 클로즈업으로 촬영한 일화도 화제가 됐다.

1968년 비토리오 데 시카 감독이 연출한 연인들의 장소(Amanti)와 더불어 이 영화는 페이 더너웨이가 유럽 영화에 진출해 성공한, 그녀의 필모그래피에서 빠질 수 없는 작품이다.

이 영화는 1972년 6월 3일 광화문 국제극장에서 개봉했으나 이후 관객의 호응에 힘입어 같은 해 8월 24일 명동극장과 세기극장에서 재개봉했고, 1974년 11월 28일 종로 2가 허리우드 극장에서 재개봉했다.

파리 대왕

(1963)

Lord of the Flies

피터 브룩(Peter Brook, 1925~) 감독이 연출한 이 영화는 무인도에 고립돼 야만 상태로 돌아간 소년들의 이야기를 그린 어드벤처 드라마의 고전이다. 원작은 영국 작가 윌리엄 골딩이 '에덴동산'과 '원죄'라는 기독교 사상을 배경으로 인간의 본성을 그려낸 동명 소설로, 작가가 직접 시나리오를 썼다.

핵전쟁이 벌어지자 영국에서 아이들을 안전한 곳으로 후송하던 비행기가 추락해 무인도에 불시착한다. 아이들은 랠프(제임스 오브리)를 지도자로 선출해서 그의 지휘에 따라 바닷가에 오두막을 세우기로 하지만, 사냥의 중요성을 강조하는 잭(톰 채핀)은 규칙을 무시하고 랠프와 헤어진다. 잭을 따르는 아이들은 광기에 휩싸이고, 살인을 저지르고, 불을 피우는 데 쓰는 뚱보 소년 피기(휴 에드워즈)의 돋보기 안경을 훔친다. 불을 피울 수 없게 된 랠프 일행은 잭을 찾아가 안경을 돌려 달라고 하지만, 그 사이 잭과 한패인 로저는 피기에게 바위를 굴려 그를 떨어뜨린 후 도망치고, 위기가 고조되면서 분위기는 점점 험악해진다.

피터 브룩 감독은 이 영화에 캐스팅한 무명의 아역 배우들이 잭의 선동으로 살인을 자행하는 괴물로 변해가는 과정을 그리면서 인간의 야만성을 폭로한다. 아이를 괴물로 오인하고 집단 살해하는 장면이나 안경을 잃은 피기를 살해하는 장면은 개봉 당시 큰 충격을 줬다.

1990년 해리 훅(Harry Hook, 1960~) 감독이 리메이크한 동명 영화에서 광기 어린 살인 집단이 돼가는 잭 일당에게 이성을 되찾으라고 호소하는 랠프와 피기의 외침은 오늘날 점점 인간성을 상실해가는 현대인에게 울리는 날카로운 경종이다.

128 파리의 비련 (1957)

Monpti

독일 출신의 헬무트 카우트너(Helmut Käutner, 1908~1980) 감독이 연출한 이 영화는 아름다운 도시 파리를 배경으로 헝가리에서 온 스물두 살 청년 몽프티(홀스크 부츠홀츠)와 열일곱 살 독일 소녀 앤 클레어 조반(로미 슈나이더)의 슬픈 사랑을 다룬 로맨스 무비의 고전이다.

파리에서 그림을 그리며 연명하는 가난한 청년 몽프티는 헝가리 출신으로 빈민가에 살고 있다. 그는 어느 날 공원에서 우연히 소녀 앤을 만나 만남이 이어지면서 두 사람은 서로 사랑하게 된다. 앤은 부잣집 딸인 척하지만, 사실은 고아로 재봉 일을 하며 간신히 생계를 꾸려가는 가난한 소녀다. 몽프티가 이 사실을 알게 되자, 두 사람의 관계는 파국을 맞게 된다.

촬영 당시 열아홉 살이던 로미 슈나이더는 가난한 화가를 사랑하는 청순한 소녀 앤 클레어 역을 성숙한 연기로 소화하여 스타 배우로서의 가능성을 전 세계에 알렸으며 이듬해 프랑스로 진출해 사랑은 오직 한 길(Christine, 1958)에서 함께 출연한 알랭 들롱과 염문설에 휘말리며 스타덤에 올랐다. 또한, 베를린 출신의 홀스트 부크홀츠는 가난하지만 사랑스러운 연인을 수려한 외모로 소화해 개봉 당시 국내 여성 팬의 사랑을 많이 받았고 이후 황야의 7인에서 치코 역을 맡아 유명해졌다.

헬무트 카우트너 감독은 나이 든 몽프티의 내레이션을 통해 과거를 회상하는 형식으로 단아한 세트 촬영과 조명, 화면 설계로 멜로드라마를 세련되게 연출하며 1960년대에 등장할 유럽식 로맨틱 코미디의 가능성도 열어놓았다. 특히 앤 클레어와 몽프티의 러브 스토리에 간간이 끼어드는 나딘 커플의 일화는 이 영화에 재미를 주고, '지구 상 모든 것은 본질적으로 감상적이며 운명이 비극이라도 실제로는 희극이다.'라는 마지막 내레이션은 긴 여운을 남긴다.

이 영화는 1959년 3월 11일 종로 3가 단성사에서 개봉했다.

파리의 연인 129

(1957)

Funny Face

스탠리 도넌 감독이 연출한 이 영화는 오드리 헵번의 매력이 압도적인 뮤지컬 로맨스의 고전으로, 1927년 브로드웨이에 오른 동명의 뮤지컬을 스크린으로 옮긴 작품이다. 조지 쿠커 감독이 연출하고 오드리 헵번이 주연한 마이 페어 레이디(My Fair Lady, 1964)의 서막 격인 이 영화는 1950년대 세계적인 패션을 선보인 트렌드 무비라고 할 수 있겠다.

뉴욕 맨해튼 퀄러티 패션 잡지사 여사장 메기 프레스코트와 사진작가 딕 에이버리(프레드 아스테어)는 다가올 패션쇼에 내세울 모델을 정하지 못해 전전긍긍한다. 그러다가 딕은 배경 장면을 위해 선정한 서점에서 우연히 사진에 찍힌 조 스탁턴(오드리 헵번)의 사진을 보고 색다른 이미지에 지적인 면모를 갖춘 모습을 보고 매료돼 메기에게 잡지 모델로 기용하자고 제안한다. 지나치게 화려한 현대적 이미지의 모델들에게 질렸던 메기는 조의 독특한 매력에 만족해서 그녀를 대표 모델로 내세우기로 하고 패션쇼를 위해 프랑스 파리로 날아간다.

서점 여직원이 패션의 도시 파리에서 모델로 대성공을 거둔다는 신데렐라 스토리의 전형인 이 영화에서 오드리 헵번은 사브리나에 이어 당대 최고의 패션 디자이너 위베르 드 지방시의 의상을 입어 화제가 됐다. 그녀가 정원 개울가에서 딕 에이버리와 춤추는 라스트 신은 잊을 수 없는 명장면으로 기억되고, 잡지사 여사장 메기 프레스코트로 등장하는 케이 톰슨의 춤과 노래도 이 영화를 빛낸다. 그리고 이 영화의 또 다른 매력은 주제가 'S wonderful'을 비롯한 'Bonjour, Paris'와 'Think pink' 등 조지 거쉬윈의 스탠더드 넘버가 가득하다는 점이다.

이 영화는 1958년 2월 15일 단성사에서 개봉했다.

130 파리의 황혼 (파리의 하늘 아래) (1954)

L'air de Paris

마르셀 카르네 감독의 이 영화는 챔피언을 꿈꾸는 무명 복서와 그를 훈련하는 중년 트레이너의 관계를 그린 1950년대 프랑스 영화의 고전이다. 복싱 체육관을 운영하는 빅토르(장 가방)는 철도 공사장 인부 앙드레 메나르(롤랑 르자프르)를 만나는 순간 챔피언감임을 알아본다.

체육관을 운영하는 빅토르는 복싱에 열정을 품고 있고, 그의 아내 블랑시(아를레티)는 언젠가 고향인 리비에라 해안으로 돌아갈 날을 기다린다. 그러던 어느 날, 철도청 소속 노동자 앙드레를 본 빅토르는 그가 챔피언이 될 재목임을 대번에 알아보고, 그를 자기 집에서 살게 하면서 훈련시킨다. 한편, 앙드레는 어느 날 기차역에서 모델로 일하는 아름다운 코린(마리 담스)을 보고 첫눈에 반하고, 시합 날 코린은 경기장 맨 앞줄에 앉아 앙드레를 응원한다. 앙드레는 멋지게 승리했지만, 챔피언이 되려면 코린과 헤어져야 한다는 것을 알고 있다. 방황하는 앙드레를 보고 코린은 조용히 파리를 떠난다.

스튜디오 촬영을 중심으로 연출된 카르네 감독의 이 영화 역시 프랑스 시적 리얼리즘에 바탕을 두고 있고, 복서 앙드레의 입지전적인 일화보다 코린과의 사랑과 방황에 초점을 맞췄다. 장 가방은 이 영화로 베니스 영화제 남우주연상을 받았다.

1957년 4월 12일 시네마코리아 극장에서 개봉한 이 영화는 2000년 8월 4일 EBS-TV를 통해서 방영된 바 있다.

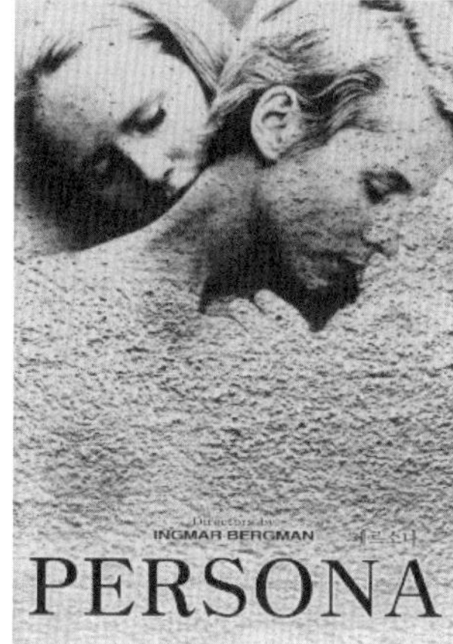

페르소나(1966) 131

Persona

페르소나는 가면, 특히 고대 그리스 시대 비극 배우들이 썼던 가면을 뜻하는 라틴어로 '인격', '외적 인격' 또는 '가면을 쓴 인격'을 말한다. 심리학자 칼 귀스타브 융은 페르소나를 개인이 사회적 인정을 받기 위해 공개적으로 쓰고 있는 가면이라고 정의했다. 잉마르 베리만 감독의 이 컬트 무비는 정신분석학적 영화라는 점에서 의미심장하고, 내용보다 형식면에서 혁신적인 작품이다.

유명한 연극배우 엘리자베스(리브 울만)가 엘렉트라를 공연하던 중 갑자기 실어증에 걸린다. 의사의 권유에 따라 바닷가 별장으로 요양하러 가고, 젊은 간호사 알마(비비 안데르센)가 동행한다. 알마는 엘리자베스에게서 말을 끌어내려고 애쓰다가 이런저런 자신의 비밀까지 털어놓게 된다. 그러나 어느 날 엘리자베스가 자신을 구경거리로 삼고 있다는 사실을 깨닫자, 그녀를 괴롭히면서도 떠나지 못하는 이상한 상태가 된다. 그렇게 자신을 엘리자베스와 동일시하는 상태가 점점 더 심해지고 엘리자베스 또한 죄의식에 사로잡힌 채 알마와 자신을 동일시한다.

베리만 감독은 말하지 않으려는 엘리자베스와 그녀에게 말을 찾아주려는 간호사 알마의 관계를 통해 심리적 통찰이 돋보이는 연출을 선보인다. 독을 품은 타란튤라 거미와 십자가에 못 박히는 손, 발기된 성기와 종교의식에 살육되는 양, 애니메이션 영상 등 특히 두 배우의 얼굴이 반씩 겹친 이미지는 이 영화의 상징적인 명장면이다.

베리만 감독이 2주 만에 시나리오를 완성하고 촬영에 들어간 이 영화는 그의 필모그래피에서 늑대의 시간(Vargtimmen, 1968), 수치(Skammen, 1968)와 더불어 예술가 3부작을 이루며, 후대의 우디 앨런, 데이비드 린치(David Lynch, 1946~), 로버트 알트만, 로만 폴란스키, 다리오 아르젠토(Dario Argento, 1940~), 페드로 알모도바르(Pedro Almodóvar, 1940~) 등에게 지대한 영향을 끼쳤다.

이 영화는 2013년 7월 25일 수입 배급돼 뒤늦게 아트하우스 모모에서 국내 개봉했다.

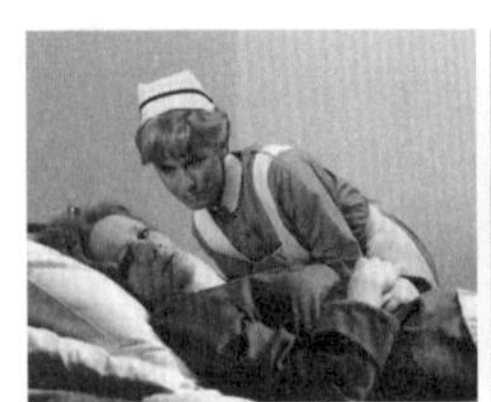

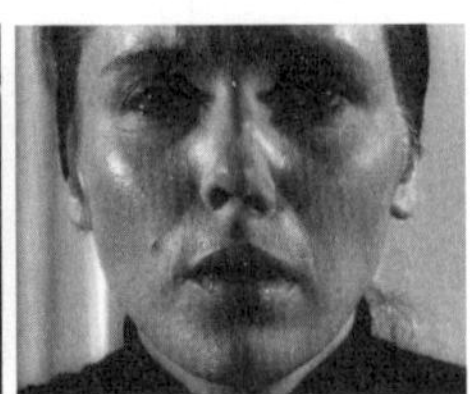

페르시아 대왕 132

(에스더와 왕, 1960)

Esther and the King

라울 월시와 마리오 바바(Mario Bava, 1914~1980)가 공동 연출한 이 시대극은 성서에 등장하는 유대인 처녀 에스더(조앤 콜린스)와 페르시아의 아하수에루스 왕(리처드 이건)의 이야기를 그린 추억의 에픽 영화다.

2,500년 전 페르시아 제국의 왕 아하수에루스가 정복 전쟁을 계속하는 사이에 왕국의 실력자인 재상 하만(셀지오 판토니)은 와스디 왕비(다니엘라 로카)와 불륜 관계를 맺고 왕위를 찬탈하려는 음모를 꾸민다. 그러나 왕비의 불륜을 직감으로 눈치 챈 왕이 왕비를 추방하자, 하만은 왕의 의심을 피하고자 왕명을 어기고 와스디를 살해한다. 그렇게 공백이 된 왕비의 자리를 메우고자 각지에서 여인들이 잡혀오는데, 그중에는 시몬과 결혼식 도중에 잡혀 온 에스더도 있다. 결국, 에스더는 새 왕비로 간택되고, 하수에루스 왕이 전쟁에 나간 사이 하만의 음모는 계속된다.

감독들은 헤이먼 세력이 정권을 잡으면 페르시아의 모든 유대인이 곤경에 처하는 설정을 바탕으로 새 왕비가 된 에스더와 그녀를 사랑하는 아하수에루스 왕의 일화에 초점을 맞춘다.

조르지오 조반니의 화려하고 호화스러운 미술과 마리오 바바의 수려한 촬영이 조화를 이룬 이 대하드라마는 스펙터클한 전투 장면 같은 볼거리는 없지만, 에스더 역을 맡은 조앤 콜린스의 매력과 페르시아 왕 역을 맡은 리처드 이건의 드라마틱한 연기가 인상적인 작품이다.

당시 스물일곱 살의 나이로 이 영화에 출연한 조앤 콜린스는 기대와는 달리 큰 성공을 거두지 못한 채 동료 배우 리즈 테일러나 나탈리 우드의 성공을 지켜보며 팬들의 기억에서 서서히 잊혀갔다.

이 영화는 1961년 9월 22일 추석 특선프로로 을지극장에서 개봉했다.

페이퍼 문

(1973)

Paper Moon

피터 보그다노비치(Peter Bogdanovich, 1939~) 감독이 연출한 이 아름다운 흑백영화는 1930년대 미국의 경제 공황기에 우연히 만난 떠돌이 성경 외판원과 아홉 살짜리 고아 소녀의 모험을 그린 로드 무비다.

모세 프레이(라이언 오닐)는 세상 사람을 속이며 즉흥적으로 살아가던 양심 없는 삼류 사기꾼이지만, 졸지에 엄마를 잃은 소녀 에디를 미주리에 있는 친척집에 데려다주려고 자동차 여행을 함께 하게 된다. 소녀 에디가 모세보다 한술 더 떠서 요령을 피워 비싼 값에 성경을 파는 장면, 길에서 만난 술집 댄서 트릭시를 질투해 모세와 헤어지게 하는 장면, 에디와 모세가 힘을 합쳐 대담하게 밀주업자의 창고에서 위스키를 훔쳐 내 되팔며 사기 행각을 벌이는 장면은 특히 인상적이다.

소녀 에디 역은 아빠인 라이언 오닐을 만나러 촬영장에 왔다가 감독 눈에 들어 캐스팅된 테이텀 오닐이 맡았는데, 당돌하고 영악한 연기력으로 1974년 제46회 아카데미 영화제에서 오스카 여우조연상을 받았다. 라이언과 테이텀 오닐 부녀는 3년 후 피터 보그다노비치 감독과 다시 호흡을 맞춰 5센트에 단편영화 한 편을 볼 수 있던 초창기 영화 시절이 배경인 5 **센트 극장**(Nickelodeon, 1976)에서 함께 연기했는데, 우리나라에서는 개봉하지 않았다.

빚 200달러로 인연이 된 소녀 에디가 모세를 친아빠로 여기며 따라 나서는 라스트 신뿐 아니라 두 사람이 서로 정이 들어 소통하는 긴 여정을 통해 피터 보그다노비치 감독은 존 포드의 **분노의 포도**(The Grapes of Wrath, 1940) 이미지를 빌려와 미국 경제 공황기를 흑백필름에 담았는데, 촬영감독은 라즐로 코박스이다.

1971년에 발표한 조 데이비드 브라운이 쓴 인기 소설 *Addie Pray*를 각색한 이 영화는 사기꾼 부녀의 떠돌이 생활을 통해 가족의 소중함을 깨닫게 하는 어른과 어린이를 위한 성장 영화이다.

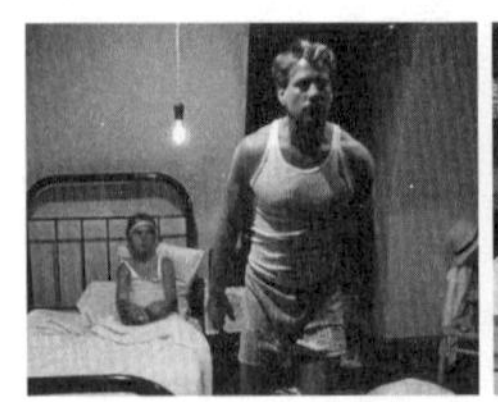

134

표류도
(1960)

박경리의 소설을 원작으로 권영순(權寧純, 1923~1992) 감독이 연출한 이 영화는 전후의 한국 사회를 배경으로 중년 커플의 지독한 사랑을 그린 멜로드라마의 고전이다.

시내에서 '마돈나'라는 다방을 운영하는 강현희(문정숙)는 대학을 나온 신여성이었지만, 사생아(전영선)를 낳으면서 인생이 꼬여 생활고에 시달리는 처지가 된다. 게다가 유부남 신문기자 이상현(김진규)을 사랑하게 되면서 일상이 혼란스러워지고, 동창생들한테까지 따돌림당하며 다방 마담으로 살아야 하는 현실에 대한 자멸감을 견디지 못한다. 그럼에도 온갖 편견을 이겨내고 살인까지 저지른 뒤, 마침내 이상현과 간신히 함께하게 되었을 때 그만 병들어 죽는다.

권영순 감독은 원작의 이상적인 문학 주제에서 벗어나 당시 전쟁으로 피폐해진 마음을 달래려는 관객들에게 강현희와 이상현의 낭만적이고 환상적인 사랑을 보며 스스로 주인공이 되어 감정을 이입할 계기를 선사한다. 또한, 다방 마돈나를 드나드는 캐릭터들, 시인 민우(최무룡)와 외국인 브로커 최영철(허장강), 강현희를 짝사랑하는 김환규(박암)가 홍등가에서 미쳐버린 광희(엄앵란)를 찾아가는 매우 인상적인 장면도 선보인다.

1960년 12월 17일 국도극장에서 개봉한 이 영화는 작품성을 떠나 전후의 상처와 그 상처를 치유하려는 희망이 담긴 고전이다.

푸른 하늘 135

(1965)

Patch of Blue

가이 그린(Guy Green, 1913~2005) 감독이 연출한 이 흑백영화는 시각 장애자 소녀를 도우려는 흑인 남성에 대한 인종차별과 편견을 그린 사회 드라마로 수작이다.

품행이 단정하지 못한 어머니(쉘리 윈터스)의 잘못으로 어린 시절 시력을 잃은 셀리나(엘리자베스 하트먼)는 비좁은 아파트에서 구슬을 꿰는 일을 하고 어머니의 학대와 알코올 중독자인 외할아버지의 조롱을 받으며 살아간다. 심지어 어머니가 데려온 남자에게 성폭행까지 당한 그녀는 그 지옥 같은 삶에서도 늘 눈부시도록 아름답고 푸른 하늘을 바라보기를 꿈꾼다. 어느 날 처음으로 공원에 나온 셀리나는 흑인 청년 사업가 고든(시드니 포이티어)을 만난다. 그는 셀리나에게 검은 선글라스를 선물하고, 시각장애가 있는 그녀가 혼자 힘으로 살아갈 수 있도록 횡단보도를 건너는 법이나 가게에서 물건 사는 법 등을 가르쳐준다. 그렇게 셀리나도 조금씩 장애를 딛고 심리적으로도 독립하여 자기 삶의 주인공이 되어간다.

불행한 가정에서 학대당하는 아이의 현실, 도시 빈민층의 소외와 흑인에 대한 인종차별 등 사회적인 문제들을 흑백 화면에 사실적으로 묘사한 가이 그린 감독은 이 영화에서 단순한 멜로드라마를 뛰어넘어 당시 미국 사회의 민낯을 드러내고 문제점들을 지적한 사회적 드라마로서의 가치도 부각했다. 특히, 미국의 엔니오 모리코네라고 불리는 제리 골드스미스의 배경음악이 드라마의 질을 한층 더 높여줬다.

당시 주가를 올리던 흑인 배우 시드니 포이티어의 절제된 연기도 좋았지만, 이기적이고 탐욕스러운 비정한 어머니 역을 맡은 쉘리 윈터스의 연기가 뛰어나 그해 오스카 여우조연상을 받았으며, 셀리나 역의 신인 배우 엘리자베스 하트먼은 1987년 이 영화의 내용처럼 자살해 영화계에서 화제가 되기도 했다.

136

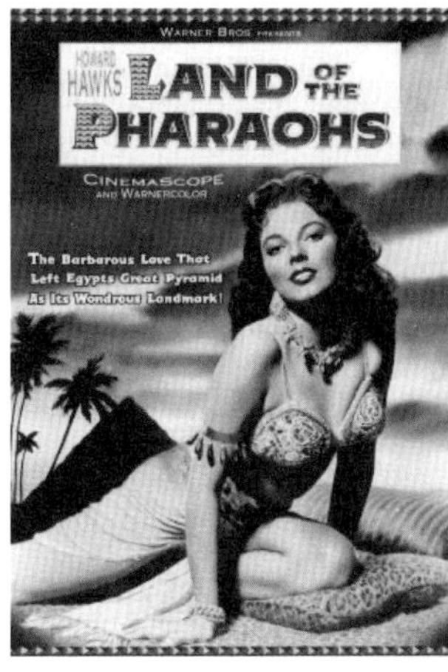

피라미드

(1955)

Land of the Pharaohs

하워드 혹스 감독이 연출한 이 시대극은 거대한 피라미드를 만든 고대 이집트 파라오에 관한 이야기를 담고 있다. 시나리오 제작에 참여한 세 명의 작가 중에는 훗날 노벨 문학상을 받은 윌리엄 포크너도 포함돼 있었다.

파라오 쿠푸(잭 호킨스)는 자신의 피라미드를 세우는 데 온 정신이 쏠려 있다. 그는 천재적 장치를 만들어 자기 종족을 구한 적도 있는 천재적인 건축가 바슈타(제임스 로버트슨 저스티스)에게 만약 한번 들어오면 아무도 빠져나갈 수 없는 피라미드를 건축해준다면, 그 대가로 그의 종족을 해방해주겠다고 제안한다. 어느 날, 키프러스의 넬리퍼 공주(조앤 콜린스)가 찾아와 공물 대신 자신을 바치겠다고 하여 파라오의 두 번째 부인이 된다. 그녀는 쿠푸의 경비대장 트레네(시드니 채플린)와 음모를 꾸며 쿠푸의 첫 번째 부인 나일라를 죽게 하고, 쿠푸마저 죽일 음모를 꾸민다. 쿠푸는 이 음모를 간파하고 트레네를 죽이지만, 자신도 심각한 부상을 입는다. 결국 쿠푸는 죽고 넬리퍼는 피라미드에 갇혀 다시는 밖으로 나올수 없게 되고 바슈타는 자기 종족을 이끌고 고향으로 돌아간다.

한 장면을 촬영하기 위해 9,787명의 엑스트라가 동원된 적도 있는 이 대작은 이집트 현지뿐 아니라 로마에 있는 타이타누스 스튜디오에서도 촬영했다. 파라오의 귀환 장면은 물론이고 사후에 왕이 묻힐 거대한 피라미드를 건설하는 장면은 컴퓨터 그래픽으로 처리한 것이 아니라 실물 크기의 세트에서 촬영해 그 스케일이 웅장하다. 그리고 영화가 시작된 지 30분쯤 지났을 때 등장해 파라오를 유혹하는 조앤 콜린스의 연기도 압도적이다. 다양한 장르로 작가주의 영화를 정립한 하워드 혹스 감독은 여기서 필름 누아르풍의 긴장감을 유지하면서 팜므파탈 넬리퍼 공주의 죽음을 멋진 반전으로 장식한다. 영화음악은 디미트리 티옴킨이 맡았다.

이 영화는 1957년 5월 28일 충무로 수도극장에서 개봉했다.

피아골 137
(1955)

이 영화는 1954년 전북 경찰국 공보주임이던 김종환이 지리산 공비 토벌 때 입수한 빨치산 수기를 바탕으로 쓴 시나리오를 직접 각색한 이강천(李康天, 1921~1993) 감독의 작품이다. 하지만 당시에 '반공 이념이 결여된 모호한 결말' 때문에 반공법 위반으로 상영이 금지됐다가 재편집한 다음에야 개봉할 수 있었던 한국 전쟁영화의 고전이다.

이 영화는 국군이 아니라 빨치산 대원이 주인공으로, 그의 시선을 통해 지리산의 협곡 피아골에서 벌어지는 인간의 절망과 사랑, 이념 대립을 사실적으로 묘사해 당시로써는 파격적이라는 평가를 받았다. 이 영화로 데뷔한 김진규는 퇴각하는 빨치산 대원 김철수 역을 맡았다. 김철수는 자신을 좋아하는 대원 애란(노경희)과 그녀를 일방적으로 좋아하는 아가리 대장(이예춘)과의 삼각관계 때문에 결국 파국을 맞는다. 줄거리는 다소 진부하나 질투와 분노 탓에 조직의 명분을 잊는 아가리 대장 역 이예춘의 연기가 압도적이다. 특히, 빨치산이 위험헤 처했음을 알리려 온 대원 소주(김영희)를 윤간하는 만수(허장강)와 중립적인 태도로 일관하다가 잔당을 다 잃고 자유의 품에 안기는 애란의 존재감이 대단하다.

이강천 감독은 당시 새로운 스타일의 연출력을 인정받아 제1회 금룡상에서 감독상을 받았으며, 김진규도 이 작품으로 인기를 얻으면서 1950년대 중반 이후 1960년대를 거치면서 한국 영화의 톱스타로 거듭났다. 이 작품은 2007년 9월 한국영상자료원이 소장하고 있는 고전 영화 중에서 등록문화재로 지정된 7편 중 하나이기도 하다.

1955년 9월 23일 국도극장에서 개봉했다.

138

할복
(1962)
切腹

1963년 칸 국제영화제 심사위원 대상을 받은 코바야시 마사키(小林正樹, 1916~1996) 감독의 이 일본 무협의 고전은 다키구치 야스히코의 소설, 이분로닌키(異聞浪人記)가 원작으로 멸망한 가문의 사무라이가 당시 계급사회의 부당한 제도에 처절하게 저항한다는 내용을 담은 문제작이다.

에도시대 초기, 주인공 츠구모 한시로(나카다이 타츠야)는 히로시마 번의 사무라이였으나 다이묘 후쿠시마 마사노리가 영지를 몰수당하자, 로닌(떠돌이 무사)이 돼버린다. 게다가 진나이는 한시로에게 아들 모토메를 맡기고 할복한다. 한시로의 딸과 혼인한 모토메는 어느 날 지역 오이에(御家)를 찾아가 할복을 청한다. 당시 생계가 어려운 로닌 사이에서는 광언할복(狂言切腹)이 유행했는데, 다이묘들의 저택에 찾아가 마당에서 할복하게 해달라고 청원하면 귀찮은 일을 피하고 싶은 다이묘 집안이 직책과 돈을 주는 전례가 있었던 것이다. 하지만 이 가문에서는 모토메가 생계를 위해 만들어 팔던 대나무 칼로 할복하라고 명령한다. 사위의 처참하고 굴욕적인 죽음을 알게 된 한시로는 할복을 위장해 이 집안에 찾아가 처절한 복수극을 벌인다.

러닝타임이 2시간 15분인 이 영화는 사위를 죽인 가문의 수장과 부하들 앞에서 츠구모가 인생을 회상하는 형식으로 시작되는데, 분노가 폭발해 대결하는 라스트 시퀀스는 비장미가 압도적이다. 코바야시 감독은 전통적 일본 계급사회의 위선에 일침을 가하는 통렬한 비판으로 할복이 곧 충절로 여겨지던 사회의 집단 최면을 고발하며, 제2차 세계대전 패망 이후 혼란이 가중됐던 1960년대 초 일본 사회를 풍자한다.

실제 검도 유단자인 나카다이 타츠야의 강렬한 검술 연기와 다케미츠 토오루의 서늘한 영화음악은 이 영화를 더욱 빛낸다. 장철 감독은 왕우가 주연한 심야의 결투로 이 작품을 오마주했고, 2012년 미이케 다카시(三池崇史, 1960~) 감독이 아쿠쇼 쇼지가 한시로 역을 맡은 '一命(개봉 제목, 할복: 사무라이의 죽음)'이라는 제목으로 리메이크한 바 있다. 나카다이 타츠야는 이후 구로사와 아키라 감독의 란(乱, 1985)에서 늙은 성주 히데토라 이치몬지 역을 맡았다.

139

항구의 거리

(1948)

Hamnstad

젊은 시절 잉마르 베리만 감독의 로맨스 무비 고전으로, 당시 이탈리아의 거장 로베르토 로셀리니 감독 작품의 영향을 받아 네오리얼리즘 성향을 보이며 연출한 작품이다. 그런 점에서 베리만 감독의 전성기 작품과 사뭇 다른 인상을 풍기는 초기 희귀작이라고 할 수 있다.

바닷가 마을에서 베리트(니네 크리스티네 욘슨)라는 젊은 여성이 바다에 뛰어들어 자살을 기도했다가 구조된다. 같은 날 선원 생활을 마치고 돌아온 스물아홉 살 청년 고스타 앤더슨(벤그트 에클룬트)은 부두에서 새로 일을 시작하고, 토요일 밤에 나이트클럽에 갔다가 베리트를 만나 그녀의 집에서 하룻밤을 지낸다. 절망적인 나날을 보내던 베리트에게 고스타는 새로운 희망으로 다가왔고, 두 사람은 망설임 없이 결혼한다. 결혼 첫날밤, 베리트는 불행했던 자신의 과거사를 털어놓지 않고서는 남편을 잃을 것 같다는 불안감에 휩싸여 모든 것을 고백한다. 베리트는 선원이었던 아버지와 어머니가 늘 다투는 집안에서 불우한 소녀 시절을 보내다가 가출하여 갱생원 신세까지 졌고, 지금도 보호관찰 중이라는 사실을 고백한다. 베리트의 어두운 과거를 알게 된 고스타는 갈등하지만, 베리트의 친구가 불법 낙태시술을 받던 중에 죽는 사고가 일어나고 마음을 바꾸게 된 고스타는 베리트와 재회하면서 새로운 희망을 꿈꾼다.

자신이 직접 시나리오까지 쓴 이 영화에서 베리만 감독은 불행한 가정에서 어린 시절을 보낸 여인의 일탈과 심리적 갈등, 자괴적인 절망을 흑백 필름에 담아 1940년대 이탈리아 영화처럼 보여주지만, 낭만적인 로맨스와 희망적인 전망도 살아 있는 독특한 분위기를 선보인다.

조금 미숙한 엔딩 신에서 신인 감독의 면모가 엿보이는 이 작품은 촬영 감독 스벤 닉비스트를 만나기 전 베리만 감독이 젊은 날 함께 작업했던 군나르 피셔가 촬영을 맡았다.

이 영화는 한국전쟁이 한창이던 1952년 5월 5일 피난지 부산 중구 해관로의 부민관 극장에서 개봉했다.

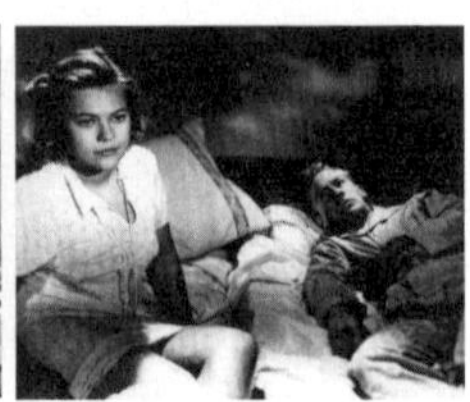

140

해는 또다시 뜬다(1957)

The Sun Also Rises

"한 세대가 가고 또 한 세대가 오건만, 땅은 영원히 그대로다. 태양은 다시 뜨고 다시 지며, 뜬 곳으로 서둘러 돌아간다. 바람은 남으로 갔다가 북으로 돌이키며, 빙빙 돌고 돌아 그 가던 길로 돌아온다. 모든 강은 바다로 흐르지만 바다는 넘치지 않으며, 강물이 비롯된 곳으로 돌아간다."

전도서(1: 4~1: 7)

오프닝 타이틀에서 내레이션으로 처리되는 이 글은 제1차 세계대전 이후 전쟁 후유증으로 방황하는 젊은 세대를 일컫던 '로스트 제너레이션'을 상징하는 동시에 이 영화의 주제를 제시한다.

당대 최고의 프로듀서 데릴 자눅이 제작하고 헨리 킹 감독이 연출한 이 영화는 어니스트 헤밍웨이가 스물일곱 살에 발표한 원작을 각색한 로맨스 무비의 고전이다.

전투 중 부상을 당해 성불구자가 된 주인공 제이크 반즈(타이론 파워)와 그를 치료하는 간호사 브렛 애슐리(에바 가드너)의 아름답고 뜨거운 사랑이 줄거리를 이루며, 제이크의 친구인 로버트 콘(멜 퍼러), 마이클 캠블(에롤 플린), 빌 고든(에디 앨버트)의 일화가 이들 연인을 둘러싸고 흥미롭게 펼쳐진다. 애슐리를 짝사랑하는 로버트 콘이 질투의 화신이 돼 그녀와 인기 투우사 페드로 로메로(로버트 에반스)가 데이트하는 장소로 찾아가 이성을 잃고 난동 부리는 장면은 특히 기억에 남는다.

이 영화가 제작되던 당시 원작자인 어니스트 헤밍웨이가 시나리오를 읽고 실망했다는 후일담이 있지만, 영화 속 에바 가드너의 의상이 미국 신여성에게 인기를 얻으면서 새로운 패션 경향으로 떠올랐는가 하면, 후반부의 스페인 산페르민 투우 축제는 여전히 이국적이고 역동적이다. 제작자 데릴 자눅의 애인이던 샹송 가수 줄리엣 그레코가 파리의 아름다운 노천카페에서 타이론 파워와 데이트를 즐기는 장면도 무척 낭만적이다.

이 영화는 1958년 5월 6일 퇴계로4가 대한극장에서 개봉했다.

141

현대인(1956)

The Man in the Gray Flannel Suit

시나리오 작가 출신의 너날리 존슨(Nunnally Johnson, 1897~1997) 감독이 연출한 이 영화는 작가 슬론 윌슨의 동명 소설을 각색한 가족 드라마의 고전이다. 그레고리 펙이 뉴욕 인근 코네티컷에 사는 중년 남자 톰 래드로 등장하는 이 영화는 평범한 일상과 가족을 통해 삶에 관한 진실을 말하고, 인간의 진정성과 존엄성을 일깨우는 사회성 짙은 도덕적 드라마로 러닝타임이 153분에 달하는 비교적 긴 작품이다.

사랑스러운 아내 베시(제니퍼 존스)와 세 자녀를 두고 행복하게 살아가던 톰 래드(그레고리 펙)는 새로 입사한 회사의 회장 랄프 홉킨스(프레드릭 마치)와 만나면서 왕성한 사회 활동과 가정의 행복 사이에서 균형을 찾아야 하는 고민을 안게 된다. 기업인으로는 성공했지만, 가족은 불행하게 한 홉킨스 회장의 절름발이 인생을 지켜보면서 톰 래드는 10년 전 전장에서 있었던 마리아(마리사 파반)와의 과거를 고백하고 아내의 용기 있는 용서를 받는다.

회색 양복을 차려입은 도시인 톰 래드의 일상에 순간순간 끼어드는, 과거 이탈리아 소녀 마리아와의 싱그러운 사랑이 버나드 허만의 음악에 실려 낭만적으로 연출되며, 베시가 톰 래드에게 마리아와 낳은 아들 이야기를 듣고 괴로워하는 시퀀스는 애절하다.

당대의 유명 프로듀서 데릴 F. 자눅이 제작한 이 영화는 1957년 12월 8일 광화문 국제극장에서 개봉했다.

혈맥(1963)

142

한때 '하코방'이라는 말이 있었다. '작은 상자'를 뜻하는 일본어 '하코(はこ)'와 '방(房)'이 합성돼 '작은 쪽방'을 일컫는 하코방(はこ-房)은 8·15 해방 직후 한국전쟁을 거쳐 1950년대 말부터 1970년대 말까지 산자락이나 하천 근처에 무리 지어 있던 판잣집을 가리킨다. 김수용(金洙容, 1929~) 감독이 연출한 이 영화는 1946년 산동네 '하코방'에서 힘겹게 살아가던 가난한 사람들의 이야기를 담고 있다.

아들 거북이(신성일)와 늘 웃으며 살아가는 홀아비 털보 김덕삼(김승호)네, 행상으로 술을 파는 후처 옥매(황정순)가 소리를 가르쳐 의붓딸 복순이(엄앵란)를 요릿집에 팔려는 깡통 영감(최남현)네, 몇 푼이라도 벌자고 전쟁 뒤에 남겨진 폭탄을 해체하다가 아내(이경희)와 어린 딸(이경림)이 불구가 된 원팔(신영균)과 원칠(최무룡) 형제네는 한국 현대사의 한 장면을 그대로 보여주는 듯하다.

김영수의 원작을 작가 임희재가 각색한 이 시나리오를 위해 당대 최고의 배우들이 기꺼이 출연했는데, 1963년 10월 2일 추석 특선프로로 아카데미 극장을 비롯 전국 8대 도시에서 동시 개봉해 많은 사랑을 받았다. 이 영화로 김승호와 황정순은 제1회 청룡상과 제3회 대종상 영화제에서 각각 남우주연상과 여우주연상을 받았으며, 김지미의 특별 출연도 좋았지만 김승호의 후처로 특별 출연한 조미령은 대사가 없어도 매우 유머 넘치는 연기를 보였다.

원작의 무대는 남산에 있는 방공호였으나 촬영을 원활하게 하고 카메라와 조명 장비를 설치할 공간을 확보하기 위해 서울역이 내려다보이는 지금의 힐튼호텔 자리에서 촬영했다고 한다.

1950년대 비토리오 데 시카와 페데리코 펠리니의 리얼리즘 영화 같은 이 영화의 원본 프린트는 2002년에 발견됐으나 상영이 어려울 정도로 훼손됐기에 영상자료원의 디지털 복원 작업을 거쳐야 했다.

143

호랑이 꼬리를 밟은 사나이(1945)

虎の尾を踏む男達

1945년 구로사와 아키라 감독이 연출한 이 일본 고전은 촬영이 끝난 뒤에도 주군에 대한 충성이라는 봉건적 사상, 즉 군국주의를 다뤘다는 이유로 당시 연합군 최고사령부에서 상영 금지 처분을 내려 샌프란시스코 강화조약이 체결된 후인 1952년에야 개봉한 작품이다.

12세기 말 가마쿠라 막부의 무장 미나모토 요시쓰네의 도피 여정을 담은 노(能) 아타카(安宅)와 가부키 권화장(勸進帳)의 내용을 영화화한 것으로 모도노리 왕조의 추적을 따돌리고 산길로 피신하는 의경과 벤게이 일행의 이야기를 그린다.

구로사와 아키라 감독은 당시 패색이 짙었던 일본 국민의 사기를 끌어올리려는 문화성의 요청을 받아들여 하루 만에 시나리오를 완성하고 영화사 뒷산에서 크랭크인을 강행해 올 로케로 촬영했다. 하지만 촬영 도중 일본이 항복하면서 제2차 세계대전이 끝나자 그 촬영 현장이 당시 미군의 구경거리가 됐는데 구로사와 아키라 감독이 흠모하던 존 포드 감독도 다녀갔다는 일화가 있다.

비교적 짧은 러닝타임 58분 동안 일본 해학극처럼 진행되는 이 작품은 구로사와 아키라 감독의 첫 시대극으로 일본판 왕자와 거지라고 불리며 일본 국민에게 위안을 안겨줬다. 이 영화는 노의 합창 부분을 할리우드의 뮤지컬 코러스로 편곡해 일본 전통 예술을 패러디한, 일본 뮤지컬 영화의 고전이 됐다.

당시 일본 최고의 코미디 배우 에노모토 겐이치가 피난민 중 짐꾼 역을 맡아 반지의 제왕 시리즈 골룸처럼 독특한 캐릭터를 연기했다.

144

혼도(1953)

Hondo

남편을 살해한 자와 결혼한다는 점에서 셰익스피어의 햄릿 플롯을 빌렸다는 해석도 있는 이 영화는 심리적인 측면이 강조된 웨스턴 무비의 고전이다. 연출은 호주 출신 존 패로우 감독이 맡았다.

서부개척 시대 기병대 전령인 혼도 렌(존 웨인)은 인디언 아파치 영역에서 어느 불량배의 공격을 막으면서 자신을 방어하다가 그를 죽이게 된다. 렌이 아파치 족에게 잡히게 되자 평소에 추장 비토리오와 친분이 있던 앤지 로웨이(제랄딘 페이지)는 렌을 살리기 위해 그가 자기 남편이라고 속여 말하면서 그의 목숨을 구한다. 하지만 전에 렌이 죽인 남자가 바로 앤지의 남편이었다.

앤지를 사랑하게 된 렌은 그녀에게 진실을 밝히고 나서 청혼하고, 앤지의 아들 자니의 아버지가 된다.

아파치 족과 맺었던 평화 협정을 어긴 북군 기병대가 황야를 지나다가 비토리오 추장이 이끄는 아파치 족에게 공격당하는 장면, 렌이 기지를 살려 위기에 몰린 기병대를 구해내는 라스트 신은 특히 통쾌하다. 또한, 존 웨인의 승마와 사격 솜씨는 정말 일품이다.

그해 아카데미 시상식에 여우조연상(제랄딘 페이지)과 각본상 후보에 올랐던 이 영화는 개봉 당시 많은 관객에게 좋은 평가를 받아서 1967년 랄프 태거(혼도 역)와 캐시 브라운(앤지 역) 주연의 TV 시리즈로 방영되기도 했다.

수많은 웨스턴 무비에서 연기한 존 웨인은 제작과 연출에도 관심이 많았는데, 존 패로우 감독과 호흡을 맞춰 직접 제작에도 참여했다. 존 패로우 감독은 여배우 미아 패로우의 친아버지이자 타잔 시리즈에 출연한 여배우 모린 오설리반의 남편이기도 하다.

이 영화는 1958년 10월 2일 충무로 명보극장에서 개봉했다.

145

화이티(1971)

Whity

라이너 베르너 파스빈더 감독이 연출한 이 영화는 1878년 미국 남서부 지방을 배경으로 흑백 인종주의와 노예제도를 풍자한 작품이다.

벤자민 니콜슨(론 란델)의 대저택에서 집사로 일하는 화이티(권터 카우프먼)는 백인과 흑인의 피가 섞인 혼혈인이다. 집주인 니콜슨은 매력적인 아내와 전처가 낳은 동성애 경향을 가진 프랭크와 저능아 다비와 함께 살고 있는데, 그들은 수시로 화이티를 괴롭히며 잡다한 소일거리를 요구하기도 하고 심지어 살인까지 하라고 지시한다.

파스빈더 감독은 인권이 유린되던 미국의 암흑기를 독일 표현주의식 고유한 기법으로 연출하면서 연기자의 동선을 설정하고 음악, 만화 주인공처럼 분장한 인물 등을 통해 지적 장애, 동성애, 매춘, 보수주의·자본주의의 소수자 차별 문제 등을 카메라에 담아낸다.

이 영화는 라이너 베르너 파스빈더 감독의 필모그래피에서 유독 생소하게 느껴지는 작품이지만 알렉산드로 조도로프스키(Alejandro Jodorowsky, 1929~)의 엘 토포(El Topo, 1970)와 로버트 앨트먼의 맥케이브와 밀러 부인(McCabe & Mrs. Miller, 1971) 같은 작품들과 함께 예술적인 웨스턴 붐을 일으킨 컬트 영화다.

한나 역의 한나 쉬굴라의 도발적인 연기가 인상적인 이 영화의 원제 'Whity'에는 백인을 조롱하는 '흰둥이'라는 의미가 담겨 있다.

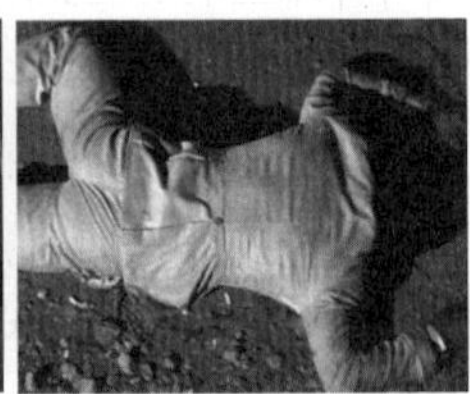

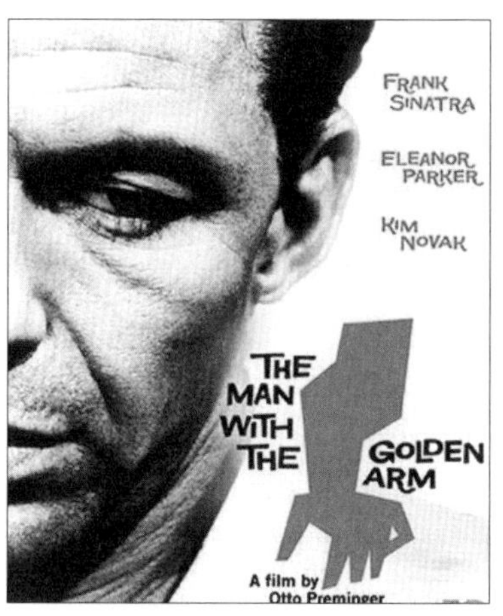

황금의 팔 146

(1955)

The Man with the Golden Arm

오토 프레밍거(Otto Preminger, 1906~1986) 감독이 연출한 이 영화는 갱생하려는 도박판 딜러를 다룬 로맨스 드라마의 고전이다.

음악인의 꿈을 안고 국립 요양소에서 출소한 프랭키 머신(프랭크 시나트라)은 자신을 기다리던 아내 조쉬(엘리노어 파커)와 해후하지만, 극심한 마약 중독 중세로 약값을 구하려고 또다시 슈비카(로버트 스트라우스)의 도박판에서 일하게 된다.

늘 휠체어에 앉아 생활하는 조쉬는 이미 완치된 상태였지만 이 사실을 숨기고 남편인 프랭키에게 심리적인 부담을 주려고 한다. 그리고 일확천금을 노리며 일부러 프랭키를 도박판으로 내몬 조쉬는 자신의 비밀을 알게 된 마약업자를 엉겁결에 죽이게 되고 그 모든 살인 혐의를 프랭키에게 뒤집어씌운다.

오토 프레밍거 감독은 재즈 드러머로서 취업마저 무산돼 처참해진 마약 중독자 프랭키 머신의 삶에 초점을 맞추면서 그의 사랑을 불안해하는 아내 조쉬와 옆에서 돕는 여인 몰리(킴 노박)의 묘한 삼각관계를 실감 나게 묘사한다.

시종일관 흐르는 앨머 번스타인의 재즈 음악은 프랭키의 감정 변화를 따라 영화에 몰입하게 하고 필름 누아르를 연상시키는 샘 리비트의 흑백 영상 또한 압권이다. 후반부 시나트라의 연기도 볼 만하지만, 사운드 오브 뮤직(1965)에서 남작 부인 역할을 연기하면서 유명해진 파커의 신들린 연기와 프랭키의 친구 스패로 역을 맡은 아놀드 스탕의 감칠맛 나는 연기 또한 인상적이다.

프랭크 시나트라의 전성기를 알린 이 영화는 제작된 지 2년이 지나 국내에 수입돼 1957년 8월 27일 수도극장에서 개봉했다. 이 영화의 개봉 제목에 쓰인 '황금의 팔'은 도박판에서 잘나가는 딜러를 의미한다.

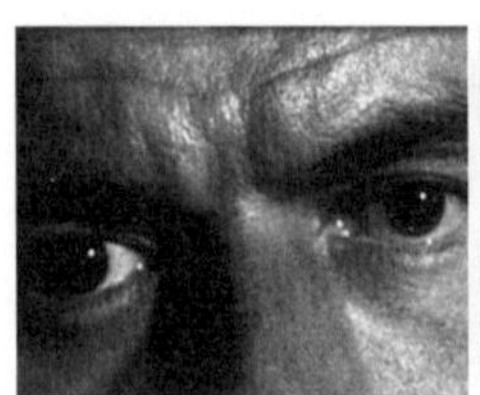

147

황야는 통곡한다(1968)

Uomo L'orgoglio La Vendetta

루이지 바조니(Luigi Bazzoni, 1929~2012) 감독의 이 영화는 제목에서 연상되는 것과 달리 이탈리안 웨스턴이 아니라 '카르멘'이라는 떠돌이 집시를 사랑한 젊은 남자의 비련을 그린 멜로드라마로, 비제의 오페라를 바탕으로 19세기 프랑스 작가 프로스페르 메리메의 소설을 각색한 것이다. 오토 프레밍거, 장 뤽 고다르, 카를로스 사우라(Carlos Saura, 1932~)의 리메이크 작품보다 훨씬 더 비극적이다.

1960년대 후반 유행하던 이탈리안 웨스턴 장고 시리즈로 유명한 배우 프랑크 네로는 이 영화에서 세비야의 담배 공장 위병으로 근무하는 '돈 호세'라는 청년을 연기한다. 그는 우연히 알게 된 집시 카르멘(티나 오몽)에게 유혹당해 군법을 어기고 근무지를 이탈해 살인까지 저지른다. 돈 호세는 그토록 순정을 바쳤건만, 아름답고 변덕스러운 카르멘은 한 남자에게 정착하지 못하고 그의 순정을 농락한다. 결국, 돈 호세는 카르멘을 죽인다.

못 이룬 사랑 때문에 파멸하는 사내의 죽음이 안타까운 이 영화의 라스트 신에서 프랑크 네로는 그때까지의 단조로운 액션 연기에서 벗어나 비운의 주인공 돈 호세 역을 실감 나게 연기했고 티나 오몽 역시 교활하고 농염한 카르멘 역을 훌륭히 소화했다. 카밀로 바초니의 빛바랜 영상과 영화 전편에 흐르던 카를로 루스티켈리의 탱고 선율은 여전히 낭만적이다.

국내 수입업자가 붙인 개봉 제목이 영화 이미지를 알리는 데 적절히 이바지한 이 작품은 1971년 1월 23일 충무로 단관 명보극장에서 개봉하고 1984년 7월 KBS-2TV에서 방영됐다.

카르멘 역을 맡은 여배우 티나 오몽은 2006년 예순 살의 나이로 사망했는데, 그녀의 아버지 장 피에르 오몽은 마르셀 카르네 감독이 연출한 북호텔에 출연했던 명배우이다.

148

황야의 무뢰한(1966)

Texas, Adios

페르디난도 발디(Ferdinando Baldi, 1917~2007) 감독이 연출한 이 추억의 이탈리안 웨스턴은 그해 장고(Django, 1966)로 스타덤에 오른 프랑코 네로를 내세워 제작한 전형적인 서부 복수극이다.

버트 설리번(프랑코 네로)은 아버지를 죽인 원수 시스코 델가도(호세 수아레스)를 체포하러 이부동생 짐(알베르토 델라쿠아)과 함께 멕시코 국경 지대로 떠난다. 그곳 마을에서 시스코의 부하로부터 마을을 떠나라는 협박을 받지만, 버트는 아랑곳하지 않고 짐과 함께 시스코를 잡으러 간다. 그런데 알고 보니 악당 시스코 델가도는 바로 이부동생 짐의 아버지였다. 미묘한 부자 관계 때문에 복수가 어긋나는 듯했지만, 결국 버트는 비정한 복수를 마치고 쓸쓸히 돌아온다.

엔조 발보니의 깔끔한 촬영과 안톤 가르시아 아브릴과 돈 포웰 작곡의 주제가가 화면 가득 낭만적인 정서를 연출하며, 복수심에 사로잡힌 네로의 매력을 십분 살려낸다. 동생 짐 설리번의 생부가 시스코 델가도임이 밝혀지는 후반부에서 호세 수아레즈의 악역 연기가 특히 빛을 발한다.

평소 존 웨인을 존경하고 게리 쿠퍼의 웨스턴 하이눈(High Noon, 1952)을 좋아한 이 영화의 주인공 프랑코 네로는 클린트 이스트우드, 몽고메리 우드와 이탈리안 웨스턴의 3인방을 이루어 국내 남성 팬의 많은 사랑을 받았었는데, 그는 미켈란젤로 안토니오니(Michelangelo Antonioni, 1912~2007) 감독의 욕망(Blowup, 1966)으로 잘 알려진 영국 여배우 바네사 레드 그레이브와 결혼해 화제가 되기도 했다.

이 영화는 제작된 지 1년이 지난 1967년 7월 12일 종로 3가 피카디리에서 개봉했다.

흑란(1958)

The Black Orchid

마틴 리트(Martin Ritt, 1914~1990) 감독의 이 영화는 재혼을 앞둔 두 남녀의 애환을 잔잔하게 그린 홈드라마다. 당시 스물네 살 젊은 나이로 삼십 대 미망인 로즈 비앙코 역을 맡은 소피아 로렌은 마흔세 살 앤서니 퀸과 호흡을 맞추며 중년의 가정사를 실감 나게 연기한다.

조직폭력배였던 로즈(소피아 로렌)의 남편은 많은 사람을 죽인 살인자였다. 로즈는 늘 검은 상복을 입고 있었기에 사람들은 그녀를 '검은 난초'라고 불렀다. 로즈의 어린 아들 랠프도 범죄를 저질러 소년원에서 복역 중이다. 그런 로즈에게 반해 청혼한 홀아비 프랭크(안소니 퀸)는 경제적으로는 풍족한 남자이지만, 정신병을 앓다가 자살한 아내에 대한 죄책감에 시달린다. 결혼을 앞둔 프랭크의 외동딸 메리(아이나 볼린)는 아버지의 재혼을 격렬하게 반대한다. 그래도 아버지가 결혼을 감행하려고 하자, 그녀는 예전에 정신병을 앓던 엄마와 같은 증세를 보이기 시작한다. 프랭크는 절망하고, 로즈의 아들 랠프마저 소년원을 탈출한다.

미망인과 어린 아들, 홀아비와 결혼을 앞둔 외동딸이 하나의 가족으로 결속되기는 무척 어려운 일이지만, 프랭크의 재혼을 반대하던 딸 메리가 마음을 열고 로즈를 받아들이는 라스트 신에서 훈훈한 가족의 정을 느낄 수 있다.

당시 소피아 로렌보다 22살이나 연상이었던 남편이자 이탈리아 출신 제작자였던 카를로 폰티가 결혼 선물로 미국에서 제작한 이 영화로 소피아 로렌은 그해 베니스 영화제 여우주연상을 받았다.

국내에서는 1959년 6월 6일 명동 입구 중앙극장에서 개봉했다.

2인의 도망자 150

(1970)

Figures in a Landscape

더크 보가드의 하인, 알랭 들롱과 합작한 미스터 클라인(Monsieur Klein, 1976)을 통해 세계적으로 사랑받는 사회주의 성향의 시네아스트 조지프 로지 감독이 연출한 이 영화는 두 도망자에 관한 이야기를 다룬다.

전쟁 포로 맥코나치(로버트 쇼)와 앤셀(말콤 맥도웰)은 수용소를 탈출하여 국경을 향해 질주한다. 허허벌판 설원과 험난한 산악 지대를 달릴 때 적의 헬기가 그들을 발견하고 추적한다. 하지만 헬기는 그들을 죽이거나 체포하지 않고 사냥하는 동물을 몰아붙이듯이 조롱한다. 두 탈주자는 분노한 나머지 탈주 중에 민간인에게서 훔친 총으로 헬기를 공격해 조종사 한 명을 사살한다. 그들은 마을을 지나다가 적 헬기의 소이탄 공격을 받자, 적진에 침입해 헬기를 파괴하고 달아난다. 그들이 천신만고 끝에 국경에 도달했을 무렵, 적은 새 헬기를 타고 국경까지 그들을 집요하게 추적한다. 국경을 넘으면 그만이지만, 맥은 앤셀의 만류에도 불구하고 헬기와 대결하다가 헬기에서 쏜 총을 맞고 죽는다. 헬기는 돌아가고 앤셀은 국경을 넘는다.

촬영감독 헨리 알렉칸을 비롯한 카메라 세 대가 맥과 앤셀의 필사적인 동선을 담아내고, 리처드 로드니 베네트의 영화음악은 탈주자의 불안한 내면세계를 그려낸다. 특히 조종사를 살해한 맥이 겁먹은 앤셀을 데리고 도망치다가 결국 죽어가는 라스트 신은 비장하다.

무정부주의적 시선으로 연출된 이 영화에서 1950년대 메카시즘 선풍 때 조국인 미국에서 추방당한 조지프 로지 감독의 심경을 읽을 수 있으며, 주인공 맥을 통해 조국에 자유를 빼앗긴 분노와 박탈감을 엿보게 된다.

이 영화는 1968년에 출간된 작가 배리 잉글런드의 베스트셀러를 영국 로열 아카데미 출신의 주연배우 로버트 쇼가 각색한 작품이다. 로버트 쇼는 앤셀 역의 맬컴 맥도웰과 멋진 조화를 이루면서 탁월한 연기를 과시했다.

| 찾아보기 ● 영화제목 |

ㅈ

ㅊ

ㅋ

ㅌ

| 찾아보기 ● 영화감독 |

ㅈ

올드 시네마 150

1판 1쇄 발행일 2016년 7월 10일
지은이 | 박영철
편집인 | 김문영
교　정 | 양지연
펴낸곳 | 이숲
등록 | 2008년 3월 28일 제301-2008-086호
주소 | 서울시 중구 장충단로8가길 2-1
전화 | 2235-5580
팩스 | 6442-5581
홈페이지 | http://www.esoope.com
페이스북 | http://www.facebook.com/EsoopPublishing
Email | esoope@naver.com
ISBN | 979-11-86921-19-7 03680

▶ 이 도서의 국립중앙도서관 출판시도서목록(CIP)은 e-CIP홈페이지(http://www.nl.go.kr/ecip)와 국가자료공동목록시스템(http://www.nl.go.kr/kolisnet)에서 이용하실 수 있습니다.(CIP제어번호 : CIP2016015599)